U0046579

李定一著

中國近代史

中華書局印行

序

本書的問世，極其偶然。蓋今春家中新來傭工，竟將歷年累積的中國近代史手稿，當作廢紙任意蹧蹋，不禁感慨深切。因不願坐視此數近百伍拾餘萬字的舊稿再遭浩刼，所以決定將原稿中要義抽繹出，並將其所未完成部份略事增補，删簡而成此書。亦不過家有敝帚之意而已。

一本十七八萬字的中國近代史，要想事事周到，決不可能。故採取偏重論史的方式，對歷史有重大影響的事件，略加闡發其眞義。復恐憑空論史，對一般讀者不甚相宜，因亦敍述史事演進梗概。每章之後，附有主要參考書目，以備讀者作進一步探討之用。惟中國近代史史料浩如煙瑛，不勝列舉，僅及其較著者而止。

銅梁李定一書於臺灣臺北

民國四十二年五月十日

目錄

第十二章　多災多難的中華民國……二四二

中國近代史

第一章　兩個互不瞭解的世界

每一個有文化的民族，不必問其文化的類型如何，都必有一種全民族共通秉承的理想爲其一切外形活動的尾閭。姑無論該民族歷史所表現的史事如何紛歧繁衍，然總能從那些紛歧繁衍，錯縱複雜的史事中尋繹出一些線索；然後據此線索爲準繩，以觀察或分析其歷史，更進而探究其所表現於外形者，能否與其全民族所秉承，所追求的理想相契合；遂可因之就其民族歷史發展的程序而論斷其民族歷史之進步或墮落，方不致貽以今非古，以我非他之譏。

中國歷史自秦漢一統以來，大體卽遵循其一定之理想鵠的發展，殊少本質上的變異。一切表現於外形事物的價值判斷，一切仁人志士畢生所努力不懈者，亦無非爲求瞭解，求闡揚，求實現此理想的程度而已。然自鴉片戰爭（道光二十二年，一八四二）以還，中國歷史演進所遵循之理想鵠的，因在不正常的情況下與另一文化類型嶄然不同的外力相接觸，遂被迫而必須變異。欲將積兩千餘年固守勿渝者，一舉而盡棄之，勢有所不能，於是問題叢生。

中國近代史的要義，卽在能縷析此類問題發生的淵源，敍述當時人士對於此類問題發生後的反應，以及其解決問題的方策。

鴉片戰爭以前，中國與西洋兩大文化體系間已有接觸，如果我們欲瞭解此導致中國開三千年未有之變局的戰爭之源起，將以往兩大文化體系間接觸及對立的情形作一回溯，實有必要。

第一節　中西文化的水乳交融

新航路發現後，歐洲的傳教士和商人大量東來，商人的目的在榨取土著的財富，傳教士的任務則是傳佈基督教的文化。明末清初之際（第十六世紀至十七世紀），歐洲的商人和傳教士也抱着同樣的目的，來到中國。而中國文化優越，不易受外界文化的浸蝕，且國勢強盛，又絕非當時歐人的武力所可能擊敗，因此，商人祇能在完全服從中國政府的條件下，作小規模的貿易，傳教士也祇有尊重中國固有的習俗與文化，利用西方的科學技術來取信於國人。傳佈宗教的事業，反而置於傳佈科學知識之後。故明末清初來中國的傳教士，對於東西文化的交流，貢獻甚大。

明末清初來華的傳教士很多，有貢獻者約九十餘人。但影響最大的，首推利瑪竇（Matteo Ricci）、湯若望（Johannes Adam Schall Van Bell）、畢方濟（Franciscus Sambiaso）、龐廸我（Diago de Pantoja）、熊三拔（Sabatin de Ursis）、龍華民（Nicolous Longobardi）、南懷仁（Ferdinand Verbiest）等。利瑪竇係意大利人，為耶穌會教士，少卽立志到中國傳教，於明神宗萬曆十一年（一五八三）到廣東肇慶，學習華文華語，翻譯歐洲數學、地理等類科學書籍，逐漸受人敬重。利氏對中國習俗一概遵守，其在廣州時，有弟子勸他勿理髮，勿刮鬍鬚，利氏即留髮存鬚，如我國儒者，但恨改之不早耳。其舉止儒雅，學問淵博，故能同士大夫往來，取得地方官吏的信任。在廣東留居十五年後，得機會至南京。時南京禁止外人居留，後得南京禮部尚書王忠銘向朝廷推薦，修治曆法，始得久居。又五年，始至北京向神宗進貢方物，且上「陳情表」，縷述他對中國文物仰慕之忱，乃不辭千辛萬苦航海數萬里前來，「始為不虛此生」。並謂他在本國也「忝列科名，已叨祿位」，對於天文地理，甚有研究，「並與中國古法脗合」，故請求皇帝召見，以便面陳一切。神宗召見利氏沒有，史書各有說法，有謂曾召見於便殿，有謂帝命畫工繪利氏像進呈，並未召見。但待他確很優渥，賞賜甚厚，並准其傳教。朝廷的官吏，也多同他交往。從此利瑪竇遂安居北京，從事介紹西學、傳教及翻譯中國經典的工作。據艾儒略（P. Julius Aleni）「大西利先生行蹟」所載：

> 利子嘗將中國四書譯成西文寄回本國人讀之，知中國古書，能識眞原，不迷於主奴者，皆利子之力也。汝南李公素以道學稱，崇奉釋氏，多有從之者。一日與諸公論道，多揚釋氏，抑孔孟。時劉公斗墟在座，瞿然曰：「吾子素學孔孟，今以佞佛故，駕孔孟之上何也？不如大西利子奉天主眞教，航海東來，其言多與孔孟合」。

此足見利氏之得人望與其善於揣摩中國人之心理以利傳教的情形。神宗萬曆三十八年（一六一〇）

利氏病歿於北京，享年五十八歲，計自入我國，共三十年。欽賜葬地於北京城外，順天府尹王應麟爲其立有墓碑，稱讚他是「彬彬大雅君子」，後世的人皆認爲他是所有來中國的外人中，學問最好，道德最高，影響最大的一人。

利瑪竇死後十二年，日耳曼人湯若望入北京。湯氏精通天文，遂以譯纂曆書與製造天文儀器見重於朝廷。他積十餘年的努力，完成新曆，以明亡而未頒行。滿清入關後湯氏降清，備受清廷優待，他依西法製定的「時憲曆」，亦奉命頒行，一直沿用至清亡。當時憲曆初行時，守舊的曆法家楊光先曾上書反對，但未成功，楊氏失意之餘，曾作一書名「不得已」，攻擊傳教士藉傳授科學技術爲名，以掩護其傳播「邪教」的工作，「而棋布黨羽於大清十三要害之地」。因此，他主張寧可中國無好曆法，不可有西洋人。無論如何，楊光先也承認中國曆法不如西洋。但他仍據理駁斥「邪教」，「闢邪論」上篇說：

有父有母，人子不失之辱；有母無父，恐不可以爲訓於彼國，況可聞之天下萬國乎？世間惟禽獸知母而不知父，彼教不知父尊，無父之子爲聖人，實爲無夫之女開一方便法門矣。瑪利亞既生耶穌，更不當言童身未壞，而孕胎何事？豈童女怡然之所允從？且童身不童身誰實驗之？禮：內言不出，公庭不言婦女所以明耻也。母之童身，卽禽獸不忍出諸口，而號爲聖人者反忍出諸口，而其徒反忍嗚之天下萬國乎？耶穌之師弟，禽獸之不若矣，童身二字本以飾無父之嫌，不知欲蓋而彌彰也。

天堂地獄，釋氏以神道設教，勸怵愚夫愚婦；作善，降之百祥；作不善，降之百殃，卽世之天堂地獄。而彼教則奉之者升天堂，不奉之者墮地獄，則天主乃一邀人媚事之小人，奚堪主宰天地哉？使奉之者皆善人，不奉皆惡人，猶可說也；苟奉者皆惡人，不奉皆善人，將顚倒善惡而不恤乎？釋氏之懺悔，卽顏子不二過之學，未嘗言罪盡消也，而彼教則哀求耶穌母子卽赦其罪而升之天堂，是奸盜詐僞皆可爲天人，而天堂爲一大逋逃藪矣！

……耶穌以僭王之恥，取王者絳色敝衣披之，織剛刺爲冕，以加其首，且重擊之。又納杖於耶穌之手，比之執權者焉，僞爲跪拜以恣戲侮，審刑官比辣多計釋之而不可得，姑聽衆撻之以洩其恨。全體傷剝，卒釘死於十字架上，觀此則耶穌爲謀反之渠魁，事露正法明矣。而其徒邪心未革，故爲三日復生之說，以愚彼國之愚者，不謂中夏之人竟不察其事之有無，理之邪正，而亦信之皈之，其愚抑更甚也。夫人心翕從，聚衆之蹟也；被人首告，機事之敗也；知難之至，無所逃罪也；恐衆被拘，多口之供也；傍晚出城，乘天之黑也；入山圃中，逃形之深也；跪禱於天，祈神之佑也；被以王者之衮冕，戲遂其平日之願也；僞爲跪拜，戲其今日得爲王也；衆撻洩恨，洩惑人之恨也；釘死十字架上，正國法快人心也。其徒諱言謀反，而謀反之眞實無一不自供招於進呈書像說中。十字架上之釘死，正現世之劍樹地獄，而云佛在地獄何所據哉？

且十字架何物也，以中夏之刑具考之，實淩遲重犯之木驢子耳。皈彼敎者，令門上堂中俱供十字架，是耶穌之弟子無家不供數木驢子矣。其可乎？

楊光先這種偏激的思想，曲解基督敎義，自不值一顧，然在二三百年之後，仍生極大影響，是不容忽視的（參看第十章）。

儘管有人反對基督敎，然西洋的科學知識却是無容否定的，所以明末清初百餘年間，在中國主張吸收西方新知識的人士，如徐光啓李之藻等合作之下，將西方的科學知識大量介紹到中國來，蔚然成爲中國歷史上中西文化交流的極盛時期。傳入中國的西學中，以自然科學爲最重要。

那時所傳入的天文學方面知識，計有：恒星與行星的差異，並若干重要的恒星與行星的名字，四季的劃分，晝夜長短的變動，以及日蝕、月蝕等天文現象的原理。但地球繞太陽運行的道理雖然在歐洲已成定論，傳敎士却一字未提，因爲這是與基督敎敎義不相容的。觀測天象的儀器也由西洋傳敎士監製了許多，湯若望與南懷仁在北京所建造的天文臺，費時五年始成，內容相當完備。清代曆書測驗精密，分秒無差，都是因爲有這個天文臺的緣故。

西洋的幾何、算術、三角、代數等學，亦於此時介紹到我國。其中最早的，也是最有名的一部書爲歐幾里得（Euclid）的「幾何原本」，由利瑪竇與徐光啓合譯而成，清人最重視這一本書，稱爲西學之弁冕。不過這些西學，皆相當粗淺，例如當時西洋的代數，已發明四次方程式之解法，而我國所知道的還僅止二次方程式而已。所傳入的物理學也是以應用方面的技術爲主，很少涉及高深的原理。「奇器圖說」一書所側重的，祗限於物理學中關於力學的應用部份。

明末爲抗滿人，由龍華民，湯若望監製銃礮。傳敎士便利用製造銃礮的技術以取得朝廷的重視，火器學得以傳入我國。明代復因財政困難，故傳敎士主張講求水利灌溉與開採礦產，因之將西方的礦學與水利學也介紹到我國來。利瑪竇曾進貢「萬國輿圖」與神宗，繪有五大洲及各國地圖，圖中海洋上繪有怪異魚類，陸地亦繪奇禽猛獸，與現在的地圖頗有出入。他另著地理書一種，介紹五帶的劃分，經緯度的意義等地理知識。清聖祖康熙時，復派傳敎士赴各省測繪地圖，歷時二十餘年，成「皇輿全覽」一書，是我國歷史上一件值得紀念的大事。

當時我國人士對於西方的社會科學不十分重視，故傳敎士在這一方面除掉闡揚基督敎的倫理學而外，僅偶爾介紹一些古代希臘的哲學。李之藻曾譯過亞里斯多德的「名理探」及「寰有詮」兩書，並未得到人們的重視。西方的繪圖和建築在我國曾留下了相當深刻的影響。蓋當時傳敎士佈道設敎，需用宗敎圖畫來啓示人的場合甚多，這類西洋畫既多屬人物畫，於是中國繪事首先受到影響的便是寫眞。清代供職畫院中的傳敎士亦頗不乏人，甚至清初六大畫家之一的吳歷，尙曾經想去歐洲留學。淸高宗（乾隆）時所建修的長春園，專仿西洋式的建築計有十餘處之多，便是傳敎士蔣友仁（Benoit）所設計的。不過，這種醉心西洋藝術的大都是皇室貴冑，而未及於平民，所以不能根深蒂固而發揚光大。

來華的傳教士，一方面以西洋所擅長的科學知識以贏得中國人的重視，一方面則努力吸取中國文化以傳回其祖國。利瑪竇最先將四書譯成西文，寄回本國；柏應理（Philippus Couplet）於清康熙二十一年（一六八二）回歐，曾以傳教士之華文著作凡四百冊呈獻教皇。中國的古籍經典在當時已差不多都有了拉丁文的譯本。中國的文學、美術、也經由傳教士及商人介紹給歐人，在十八世紀的歐洲，掀起了一個瘋狂崇拜中國文化的運動。

西元第十七、十八兩世紀歐洲的大思想家如萊布尼茲（Leibnitz）與福祿泰爾（Voltaire），大文學家如哥德（Goethe），大經濟學家如堵哥（Turgot）與克斯奈（Quesnay）等人，都是受中國思想感染甚深的人士，也皆狂熱的崇拜中華文化。萊布尼茲曾細續中國典籍的譯本，他所發表的哲學著述中，很顯明的曾受中國學術思想的影響，他又曾創辦「柏林科學社」以圖溝通中西文化。福祿泰爾曾將元人的趙氏孤兒一劇改編，認爲此最足代表東方文化的精神。他的信徒之一曾經說過這樣的話：「若是全世界都採用了中國的法律，那豈不是很好。到北京去，去看那最有威權的人：這纔是上天最完備的影像哩。」哥德所作的戲劇中，有許多受中國戲劇影響的地方，他最理想的完人，卽是中國人。堵哥曾經同留居巴黎的兩個中國人交往很密切，他所發表的重要經濟學作品，卽與這兩個中國人有關。克斯奈所提倡的以農業爲國家財富之根本的經濟學說，便是根據中國的經濟理論而來。他很想承繼孔子的道統，所以竟有人稱之爲「歐洲的孔子」。克氏曾勸法王路易十五仿傚中國天子親耕，其崇拜中華文化之深，可以想見。

中國藝術影響歐洲最深的，首推磁器。遠在公元第十六世紀時，意大利便有人仿做中國磁器的着色，並且研究一種「雨過天青」的顏色。至十八世紀初年，歐洲發明眞正的白磁，磁器上的繪畫，都模倣中國。中國漆器於十七世紀初年運到法國，被視爲希世之物。至十七世紀末葉，法國的漆器業也很發達，但所用花卉圖案，多倣中國的式樣。同時中國的綢緞與繡品，亦相繼傳入歐洲，大受歐人的歡迎。在建築方面，中國式的亭園，也曾風靡一時。十八世紀時一位在北京供職的教士，曾寫信回國，盛道圓明園的美好，認爲「無論結構及工作都宏麗極了，這是我有生以來沒有見過的，中國建築的變化與複雜，不能不佩服他們的天才，拿我們一比較，眞貧乏極了。」所以有一位日爾曼的君主，竟想模倣圓明園而修建一所宮殿，雖未成爲事實，但也可見那時歐洲對中國建築的醉心。

在第十八世紀末期，歐人對中華文化的狂熱，纔開始消失，其原因有三：(一)中國與羅馬教廷因爲儀俗的爭執，使傳教士被中國驅逐，失去了重要的中國文化宣傳者。(二)歐洲的產業革命，已經發生。歐人對於中國所重視的，不再是古國的文化，而是資源與市場了。(三)對希臘與羅馬研究的興趣復濃，一切裝飾美術，轉爲崇尙希臘羅馬式，不再重視中國的藝術。雖然如此，但中華文化在當時歐洲所掀起的波瀾，仍然在歐洲歷史上佔一個相當重要之地位。

除掉中西文化交流外，傳教士在中國方面宗教上的收獲也很大。蓋當時傳教士學問的淵博，德行的高超，且能順從中國的習俗，尊重中國固有的文化傳統，所以傳佈宗教的事業，得以順利進行。據康熙二年（一六六三）左右的估計，全國的信徒近二十萬人，江南區即有教堂百餘所，如果聽任這種情況繼續發展下去，基督教可能在中國形成一很有地位的宗教。不幸是傳教士本身發生內訌，使得基督教在中國一蹶不振。

自利瑪竇以來的傳教士，都容許教徒保持祭天、敬孔、祀祖等儀俗，認為這些中國固有的儀俗，並不違背基督教教義。到了清初，法國與葡萄牙兩國互爭傳教於東方的領導權，原來贊成教徒可以祭天、敬孔及祀祖的為耶穌會派傳教士，新到中國的法國傳教士及屬於西班牙之多明我（Dominic）派傳教士反對耶穌會的放任信徒，認為祭天、敬孔、祀祖等事無異「出賣基督教」，遂向教皇控告耶穌會傳教士。教皇贊成多明我派的主張，遂派使來華宣諭，嚴禁教徒敬祀祖先，這種行動，無異使基督教自絕於中國。雖經聖祖（康熙）親向教皇的特使鐸羅（Tournon）解釋中國人敬祀祖先的意義，但鐸羅仍執迷不悟，反而公開發表言論，駁斥康熙，顯然有干涉中國內政的嫌疑。這樣一來，遂迫使清廷決定禁教。至雍正元年（一七二三）清廷規定在北京的傳教士，除從事欽天監等職務者外，餘皆逐出中國（澳門除外），又改教堂為公所，嚴禁人民信奉基督教。從利瑪竇以來百餘年間的傳教士們，苦心孤詣在中國爲基督教所樹立的一點基礎，竟爲傳教士內部宗派的爭執所毀滅掉。

自傳教士被禁止在我國內地傳教以後，中西文化的交流便告中斷，中國的西學也日漸凋零。從此，中國人更加不了解西洋的一切，而此後西洋人對中國的知識，也祇限於少數在東方以賺錢牟利爲目的之商人零星的報告，中西兩大文化遂因爲缺少正當合理的接觸機會，而彼此隔膜日深。近百年來我國國家所遭遇到的許多坎坷，似乎都可以說是受了淸初中西文化交流中斷的影響。明末淸初的傳教士來中國傳教，純粹是基於雙方自願的情況下傳播宗教，他們所輸入的西學，大體上也能得到我國人士善意的接受。當公元第十七、十八世紀時，歐洲的科學也正方興未艾，如果從那時便不斷的與西方科學文明相接觸，我國的科學雖不一定與歐洲並駕齊驅，但也不至如後來的事事不如人家。如果從那時起中西便有正常的接觸，也許近百年來中外交涉上的許多誤會也不至發生。不幸是這個自然而合理的文化津梁，竟爲傳教士的內訌與教皇對中國的認識不够而告中斷。

中西文化交流中斷後，中國同西方在文化上互相接觸瞭解的機會雖然喪失，但中外的關係並未斷絕。因爲歐洲自十七世紀起，海外開拓的事業與帝國主義的思想正如日中天，那能放過中國這一片大好河山與市場，所以此後中外的貿易關係仍然維持，而且日盛一日。兩種歷史文化傳統廻然有別的國家，既不能有歷史文化上的正常接觸，而雙方面又必需有商務上的往來時，問題便發生了。

第二節　朦朧中的古國

中西文化水乳交融的時期一去不返，從此世界兩大文化體系遂各自孤立發展，彼此自成一世界，各有其自身的文化傳統，生活方式，社會組織，宗教信仰。卽使對另一世界有所了解，也是歷代從各種不同的人物，在極其複雜的動機下所有的零星與偏陂的報導中，獲得的一些片斷知識。累積這些知識而對對方所構成的觀念，自是模糊不淸，有失眞概。

在若干歐洲人的心目中，中國仍然是一個東方文明大國，只是印象朦朧而已。這是十七、十八世紀崇拜中國文化的學者、政治家及來華傳敎士們所引起的餘波。他們知中國文化高超，人們都過着心智的生活，是一個愛好和平寧靜的國家。社會上長幼有序，文質彬彬，「甚至大多數中國農民及勞工，均爲紳士，那些在我們社會上所謂的紳士，尙可向他們學習一些有用的規律與禮節。」對於中國文化素無好評的黑格爾也認爲：

(中國)人人一律平等，而唯有材能勝任者，得爲行政官吏，因此國家公職皆爲最有才智與學問的人充當。因此他國每以中國爲一理想標準，就是我們也可以拿來做模範的。

不過這個文明大國，已經停滯不進，中國文化思想的中心人物「孔子全無自然科學思想」，而且是一個「凡是舊的均有價值，凡是新的均無價值的」民族。

儘管如此，馬哥孛羅（Marco Polo）的傳奇，仍然深入人心。他所描寫的那一個東方大國，遍地都是珠寶，晚上走路用不著點燈，那取用不竭的珠寶閃爍着五彩的光輝使黑夜與白晝一般光明。他的「東方見聞錄」不祗激起哥倫布冒九死一生的危險去發現通東方的新航路，也影響了不少到東方來的掘金者。馬哥孛羅對中國珠寶的渲染雖然不是事實，但中國市場對西歐商人確是重要的。甚至傳敎士也將上帝與通商併爲一談。一位在中國住了很久的傳敎士林樂知（Y. J. Allen）曾經說：

（凡不通商之人）上之不能與上帝交通，下之亦不能享受上帝所賜與之萬物。正如浪子自棄其父家，而陷溺於罪惡之中，……通商者，以其所有之物傳於人，其益當屬於身，使天下之人，皆能同享上帝所賜與之富足也。……可觀傳道與通商二端，足以包括一切，而無俟他求矣。

宜乎英國某外相在答覆何以特別關切傳敎士時要說：「傳敎士——棉花！」

在中國通商，並不如在亞洲其他各國順利，因爲中國自視爲「天朝」，不能任聽「蠻夷」肆意行動。不過大家對於天朝的虛實也略知一二，遠在一五八六年（明萬曆十四年），「菲島總督主敎等上書西班牙國王菲力普二世（Philip Ⅱ）謂據報稱：中國人皆怯懦無勇，兵隊皆以乞丐組成。請以一萬或一萬二千西兵征服中國，卽不能得全國，至少亦可佔領濱海數省。征服以後，照菲律賓辦理，先握其政權再從事傳播基督敎。」「澳門月報」亦譏中國爲「紙王諭國」。

十八世紀初年法人杜哈德（Du Haldés）著「中華帝國概況」（Description de l'empire de la Chine）一書，著者從未履足中國，亦不識中文，然其書却在西歐極流行，成爲當時歐洲了解中國情況的「佳著」。誠如英人米都斯（Meadows）所說：「英國專靠新聞報告，故對中國爲不知，中國祇有少數商人識『廣州英語』（Canton-English），此輩亦爲中國人士所輕。」這便是中西文化交流中斷後，西人心目中的中國情形。

第三節　天朝的世界觀

「天朝」也自有其世界觀。

中國自秦漢大一統後，卽形成一「天下國」，天下便是世界，沒有西方所謂的國家觀念，祇有文明與野蠻的區別。在中華文化區域四週的各民族，凡能接受中華文化者，便是中國，正是「夷狄入於中國，則中國之」的道理。各民族之接受中華文化與否，亦任其自擇，決不强求。卽令四週各民族有時乘中國國勢不振的時機，向中國進行武力侵擾，中國被迫抵禦時，亦是「服則舍之」的態度，並無用武力懾服然後强迫同化之的事情發生。服從了的民族，便成爲藩屬，藩屬對中國的義務，祇有定期或不定期的入貢。中國對入貢的藩屬，照例有極優厚的賞賜，藩屬有內亂，中國替他平定，有外患，中國替他復國，不要任何報酬。因此鄰近各文化程度低的各民族，多數對中國心悅誠服，尊爲上國天朝，而甘自居於蠻夷的地位。這種「招擕以禮，懷遠以德」的對外政策，自秦漢以來，一直沿用着，沒有多大變更，東亞各民族也就在中國這種政策下，維持了兩千年的和平，歐洲那種國際間殺人盈野，廬舍爲墟的殘酷戰爭，絕少見於東方的原因在此。而中國的國際關係，也因之祇有上國對藩屬的關係。所以我國歷史上凡是到中國來的外國使節，都是來朝貢的，從無例外，因此我們所知道的一切外交儀節都是上國對藩屬的「外交禮節」。至於商務貿易，因爲中國是一個疆土遼闊的農業社會，可以自給自足，不仰給於他國，所以無需對外通商。但他國商人如到中國貿易，從不拒絕，認爲這是「嘉惠遠人」的方法，關稅抽得極輕，政府從不注意這點微末的收入。但是中國官商的界限很嚴，所以外國商人絕對不能和中國官吏交往，加上「人臣無外交之義」的禁例，即使對外國官吏，在沒有得到皇帝允許以前，也是絕對不能接待的。

最初到中國來的歐美商人，中國以其來自西方，通名之曰「番人」，西方各國名之曰「番邦」。這些番人，流品夾雜，良莠不齊，彼此之間，復因利害衝突，互相攻訐於中國官吏之前，自難博得中國對番人的好感。其奸滑之徒爲牟取個人贏利，亦常冒稱貢使，向中國賺取賞賜。故在中國人心目中，番人不過距中國遼遠的藩屬，其不同於朝鮮、緬甸、暹羅者，僅入貢的時期不一定而已，然其距離遼遠，亦情有可原。從嘉慶二十一年（一八一六）清廷頒賜給英國愼重其事派到中國來談判的使節亞墨爾斯（Amherst），轉給英王的詔書，便可了解鴉片戰爭爆發前二十四年中國政府對番邦的態度。清仁宗在譴責貢使稱病無禮之後，並諭道：

但念爾國王數千里外奉表納貢，爾使臣不能恭敬將事，代達悃忱，乃爾使臣之咎，爾王恭順之心，朕實鑒之。特將貢物內地理圖，畫像，山水人物收納，嘉爾誠心，卽同全收。並賜爾國王白玉如意一柄，翡翠玉朝珠一盤，大荷包兩個，小荷包兩個，以示懷柔。至爾國距中華遙遠，遣使遠涉，良非易事，且來使於中華儀節不能諳習，重勞脣舌，非所樂聞。天朝不寶遠物，凡爾國奇巧之器，亦不視爲珍器。爾國王其輯和爾人民，愼固爾疆土，無間遠邇，朕實嘉之。嗣後無庸遣使遠來，徒煩跋涉，但能傾心效順，不必歲時來朝始稱向化也。俾爾永遵，故茲敕諭。

對歐人的印象，更惡劣萬分。當時所描寫番人「白肌、貓眼、高鼻」，「鬚眉皆赤」，「足長尺二寸」的形狀，已足令人驚奇，何況加上混身「氣味奇臭！」至於夷人風俗習尙，他們認爲英王可傳位於其女，女有子，俟女死後立之，實已數易其姓，而國人猶以其爲王之後，足見夷俗之陋。法國國王是「男形而女性者」，法人且食小兒。俄國女主幸男子，期年或數月卽殺之，是固「蠻夷之國，犬羊之性，初未知禮義廉恥，又安知君道上下！」「犬羊之性」的「番人性嗜乳酪，膠結腸腹，惟大黃茶葉，蕩滌稱神。」如果數月不食，「有瞽目腸塞之患」。所以每遇有貴客的大宴會，「皆以大黃待客」，貧苦的人「亦必有一半兩大黃囊胸前，舌舐而鼻嗅之。」大黃茶葉祇有中國出產，所以卑陋不文的夷人必須依賴中國。這些記載，不僅是民間流傳着，皇帝、大臣亦深信無疑，連鴉片戰爭結束後，被人目爲最通達「夷情」的魏源與夏燮也不反對這類荒誕不經的報導。

在鴉片戰爭以前，中西不僅是兩個文化廻異的世界，而且是兩個互相不瞭解，在觀念上彼此對立的兩個世界。在這種情況下，如果互相隔絕，毫無接觸，自然平靜無事；如果不能避免要發生關係，這種關係一定是畸形的。如果雙方的情況不改變，畸形的關係也未始不可繼續維持下去，畸形也就等於正常。然而歐洲在變，十八、十九世紀的歐洲，特別是英國，正在劇變，情勢已不容許它再與中國繼續保持往常的關係，它需要改變。

本章主要參考書

張星烺：中西交通史料滙編。翻譯西洋材料頗多，用處頗大。另有歐化東漸史，簡明可讀。

徐宗澤：明清間耶穌會士譯著提要。凡徐滙樓所藏明末清初傳教士譯著，及中國人與傳教士合作譯述之書籍，均有提要。

楊光先：不得已。有南京國立圖書館影印本，及嶺南能言書館木刻輯要本。

艾儒略：泰西利先生行蹟。甚詳確。

李杕：徐文定公集。

蕭司鐸：天主教傳行中國考。

魏源：海國圖誌。道光二十二年初刋，蒐有西方材料。

向達：中西交通史。簡明可讀，合一般需要。

清代筆記小說叢刋。是書對清代各家筆記，蒐集頗多。

K. S. Latourette: A History of Christian Missions in China為史家態度之寫作，較一般傳教士所撰之傳教史為公正。

H. F. MacNair. Modern Chinese History Selected Readings. 西洋各方面材料，均有所輯，甚合用。

M. G. Mason: Western Concepts of China and Chinese 1842-1876 欲了解西洋人對中國之觀念者，可一讀此書。

H. C. Sirr: China and Chinese.

G. H. Danton: The Chinese People. 有助於本章所敘史事之了解。

第二章　畸形的中外關係

第一節　夷商在廣州

明清之際來華的傳教士中，並無一個英人。中英的接觸自始卽限於商務，它所希望改變的，自然是限於商務關係。

首先航海來華通商的是葡萄牙人。葡人於明正德十二年（一五一七）卽到中國，開始互市。四十年之後（一五七一）·賄得澳門，以為貨棧。西班牙於一五五六年據菲律賓，明萬曆三年（一五七五），遣使通中國。繼葡、西之後東來者為荷蘭，欲與中國通商，受葡人阻撓，乃進據臺灣（明天啓三年，一六二三），但仍不得與中國通商。清初以鄭成功父子據臺灣抗清，厲行海禁，故這在一段時期內，中外貿易可以說由葡人獨佔，葡人每年向清政府繳納船鈔二萬兩，而取得獨佔權。時英國方組東印度公司（一六〇〇）經營東方，因注意力集中印度，對中國的貿易不重視。英商首次來華在明崇禎十年（一六三七），因格於葡人，乃強入廣州，盡售其貨，強購砂糖與生薑而去。此後便不常來。康熙二十四年（一六八五），鄭克塽以臺灣降清，清廷始下令開海禁，准許外人於廣州、漳州、寧波、雲臺山等四口岸貿易，是時傳教士正得清廷寵信，故對外通商以「嘉惠遠人」的政策，順利推行。

「四口通商」時期，中外貿易的重點仍然在廣州。自此以後，英國對華貿易額日增，凌駕他國之上，而朝廷對「紅毛種」中狡猾狷的「奸宄莫測」亦特加以注意了。至乾隆二十二年（一七五七），清廷因通商口岸太多，管理不便，又恐各地因通商的緣故，受「夷風」感染變成澳門一般，所以規定嗣後中外通商，限制在廣州一地。恐怕夷商變成明代的倭寇，也是實行「一口通商」的原因之一。

中國對西方的觀念既如第一章第三節所述，根據那種觀念出發，清廷對來華貿易的外商，遂有種種防夷限制。其規條雖時或增減，重要者不外下列十點，外商當然極不滿意這些限制。

一、夷商及商船規定每年五月至十月之間可到廣州，其餘時間，祗准在澳門居住或停泊。

二、夷人軍艦一律不准到廣州。

三、夷商在廣州必須住在「商館」內，不許帶兇械火器，隨從役僕不得超過五人，並不得雇用僕婦。

四、夷商購物，必須經過「行商」，如欲自行出外購物，行商必親自隨行。但不許購買漢文書籍。

五、夷商不許泛舟江上，每月初八、十八、二十八等三日，可以遊花園，但必須有翻譯同行，如滋生事端，翻譯須負責。

六、夷商不得入廣州城內，不許坐轎。

七、夷婦不得到廣州。

八、夷人不得與中國官吏直接交涉，如有陳稟，必須經行商之手。

九、不准僱華人代打聽物價。

十、行商不得欠夷人之債務。

中國方面負責對外貿易的機構稱曰「公行」，是廣州對外貿易各「洋行」聯合組織的稱呼。各通商口岸專門與外商作進出口貿易的商家稱爲「外洋行」，簡稱洋行。類似洋行性質的組織由來甚久，大致明末便已存在，祇名稱不一，有時亦稱爲「牙行」。各洋行對外貿易時，互相競爭，常有利害衝突，於是廣州各洋行設法使對外的行動一致，期能壟斷對外貿易，遂組織「行口」，獨佔海外貿易的利益。至康熙四十一年（一七〇二），廣東地方官吏見行口獲利很厚，亦思染指，乃由官府指定一人爲對外貿易經紀人，稱爲「皇商」，官府可因之均霑官商所得的利潤。但官吏間步調亦不一致，誰也不能否認他方有指派官商的權利，於是官商的數目增多，爭向外商招攬生意，競爭復起。而官商者，究其實無非是取得政府特許對外貿易權利的洋行而已。至康熙五十九年（一七二〇）廣州各官商再謀團結，歃血爲盟，訂立規約，成立統一對外貿易的機構，名曰「公行」。公行初成立時，參加的有十六家洋行，俗通稱爲「十三行」，洋行的商人爲行商。此後洋行時有倒閉或因故停業者，亦時有新洋行成立參加公行者。故公行所屬的洋行並不一定是十三家，數目時有變動，最多時有二十六家（一七五七年）最少時僅四家（一七八一年），至鴉片戰爭爆發時有十三家。但一般人對之仍沿稱十三行。

公行的主要任務在劃一對外商購貨銷貨的價格，承銷一切進出口貨物，代辦內地出口貨物。並代中國政府徵收進出口貨物關稅，及管理外商的職務。公行成立後，外商不滿這種獨佔商務的機構，曾屢次設法取銷公行，中國政府偶亦徇外商請求而廢止公行。但中外以言語不通，外人復不諳中國法令，苟無公行從中料理，困難頗多，至乾隆四十七年（一七八二），公行制度乃得正式確立，直到南京條約簽訂後始廢除。

外商到廣州只能住在「商館」（Factory）內，商館由來華貿易各國商人自行建築在中國政府指定的區域內，當時廣州各國所建的商館有十三座，後因商務興盛，原有商館不敷應用，始有向行商租賃房屋之事。

除掉對公行壟斷貿易與生活上限制的不滿外，外商最感不便的是船隻入口時的手續複雜與中國官吏的需索。外船到廣州前，須先赴澳門中國知事繳納僱請引水與翻譯的費用。然後船至虎門，須候海關監督丈量船舶的大小。監督按船的大小徵稅，此乃「正稅」。納正稅後，另付「船鈔」，始得停泊黃埔貿易。就此而論，入口手續可謂極簡單，稅收亦輕微。但經手行商及官吏，常巧立名目，任意勒索。正稅而外的「陋規」，如「繳送」、「支銷」、「充餉」、「規禮」、「開食」、「押船」、「小包」等等額外名目，多至六十餘種。外商自是不堪其擾，所以他們寧願中國政府增加關稅，禁止行商與官吏的勒索剝削。

第二節　英國的貢使

對於中外在廣州貿易情況表示不滿而亟思改進的國家是英國。原來英國自與中國通商後，貿易額與日俱增，乾隆元年（一七三六）有八艘外國船舶到廣州貿易，英船佔四艘。乾隆五十四年（一七八九）外船到廣州貿易的共有八十六艘，其中屬於英國者六十一艘，佔總數四分之三。因此，英國對廣州的情況最爲敏感，同時對中國文化復素乏了解。英國人擅長經商是大家所熟知的，掘勒維連（Trevelyan）所著英國史書中，曾提到德人曾以發掘英國古墓發現殉葬物竟是算盤以嘲諷英人。英國詩人泰尼松（Tennyson）描寫一位英國的外交代表道：

這個帶寬邊帽的販賣聖經的小商人，
他的耳朵塞滿了棉花，
夢裡也聽得便士的叮噹！

在亞洲的英國人，不僅「耳朵塞滿了棉花」，恐怕嘴上手上還塗滿了鴉片，「夢裡也聽得」白銀的鏗鏘！他們在中國的貿易，是由英政府特許的東印度公司主持，其獨佔中英貿易的情形，與公行無異。印度與中國之間的商務，英印人民可以自由經營，惟須取得東印度公司執照，在廣東時須接受東印度公司派駐中國經理的管轄，這種經理，中國稱之為「大班」。

乾隆二十年（一七五五），東印度公司因不滿廣州通商的情形，特派哈利遜（Harrison）與洪仁輝到（Flint）寧波通商，不果。洪仁輝北航赴天津，請准在寧波通商，並攻訐廣東歷來積弊，清廷未予置理，並以洪仁輝擅自違規，處徒刑三年後釋放。

東印度公司的企圖失敗後三十七年，即乾隆五十七年（一七九二），英國政府應東印度公司之懇求，出面遣派使臣到中國，希望與中國皇帝直接交涉，達到改善商務的目的。英國使團的正使為馬戛爾尼（Earl of Macartney）副使斯當東（Staunton），率隨從多人，携「貢品」十九件，自廣東乘船赴天津。中國則以「英吉利貢使」之旗插於英使船頭，聲稱乃朝賀清高宗八十萬壽而來的貢使。馬戛爾尼到中國後所遭遇第一難關是覲見皇帝的儀節問題，因為從來「陪臣」覲見皇帝均行三跪九叩禮。馬戛爾尼認為如此則被視為屬國，堅持不允。乾隆酷好虛榮，不願決裂，以英使係遠道初貢為理由，允其行西方臣下見國王的儀節（即屈一膝吻手，清廷去吻手一節僅屈一膝）。清廷待英使極其優渥，使團在中國每日賜銀五千兩以作費用，不足時尚可隨時就地支取。對「大紅毛」國王「恭維大皇帝萬萬歲，應該坐殿萬萬年」的「貢表」，及價值一萬三千餘鎊的「貢品」，均由天朝大皇帝「喜悅鑒收」。惟有對英國所提出的各項要求，則用「與天朝體制不合」爲理由而加拒絕。甚至清廷還認爲那些要求與「大紅毛」國王無關，僅是貢使的私意而已。馬戛爾尼提出的計有：

（一）英國派使節駐北京，並如俄國之例於京師設立商館，收貯貨物。

（二）准英國在寧波、舟山等地貿易。並要求舟山附近一小島爲英商居留及貯貨之地。

（三）撥廣州附近一地爲英人居留地，允許澳門之英人自由出入廣州。

（四）准英人傳教。

（五）英商於澳門、廣州，由內河運輸貨物，請免稅或減輕稅額。

馬戛爾尼的使命可謂完全失敗，但他留居中國時期，對中國政治、軍事、經濟及科學知識等，都有日記記載，天朝的虛實，暴露無餘。乾隆要馬戛爾尼取道陸路赴廣州的本意，是想讓夷人看一看中國「物阜民康」的情形，沒有想到，適得其反。

馬戛爾尼首先指出中國官吏的貪汚。皇帝每日賜與使團的五千兩銀費用，大部被經手官吏中飽，他不勝感慨繫之的說：「於是余以爲中國素誇有道之邦，以此觀之，其道德固不能較他國爲優。孔子之子孫，殆如歐西諸國慾神之後裔矣！」其次，他認爲中國軍隊不堪一擊。蓋他歸國途中，沿站均有中國兵隊向之「致敬」（示威），而馬氏認爲「其人數之衆多，軍容之整肅，於行禮中挾有威脅性質，仍不能不令吾無疑。……吾料其（指中國兵）必蓄有一語，汝輩洋人看看，吾中國軍備甚佳，汝等若敢犯順，吾輩無時不有對付之具。然以余觀之，此種寬衣大袖之軍隊，既未受過軍事教育，而所用軍器，又不過刀槍矛矢之屬，一旦不幸，洋兵長驅而來，此輩能抵擋與否，尚屬一不易置答之疑問焉。」馬使不甘示弱，亦請同行之福大人參觀使團儀仗隊與衛隊的操演。「福大人意頗岸然。答曰：『看亦可，不看亦可，這火器操法，諒亦沒什麼希罕。』

另外一樁事使馬戛爾尼看出中國科學知識的貧乏。他的護送官員趙大人欲吸煙，「時以其無從者，余於袋中取小盒自來火，擦而燃之。彼見身內藏火，毫無傷害，大爲驚異。余因說明其故，亦以一盒贈之。如此細微之事視爲奇異，余因知中國國民於機械學中，未始無所優良，而於醫學之外科學及科學知識，則甚劣於他國。」馬使自述曾建議派科學人員到中國，並主在北京設一輕氣球，但清吏毫不以爲意。所以他說：「余今始知中國朝廷之政略與自負心相關聯。彼欲凌駕諸國而上，而對實際所見不遠，不知利用之方，惟防止人智之進步，此終無益於事也。」

馬戛爾尼沿途看見盲跛與乞丐衆多，推知中國社會貧苦，民生凋敝。復深悉滿漢仇隙。所以他的結論是韃靼（Tartar）王朝（指清室）究竟還能維持多久，實一問題。

馬戛爾尼因爲地位的關係，與中國政府上層接觸，瞭解了清廷內幕；復作一縱貫中國南北的旅行，等於對中國作了一次極廣泛的調查工作。他對英國政府的機密報告，我們尙不得而知，純就他所公開發表的日記而論，也足以加深英國貫澈要達到向中國要求改革商務的決心。四十八年後，英國敢於以一萬五千軍隊與中國啓釁，馬戛爾尼的報告，無疑是決策時重要因素之一。

嘉慶二十一年（一八一六），馬戛爾尼使華之後二十四年英國再派亞墨爾斯（William Pitt Lord Amherst）使華。仁宗對英國「入貢」之事，不似乃父高宗之熱中。而對三跪九叩之禮尤其重視。雙方費盡唇舌，纔得到三次跪一膝，九鞠躬的折衷儀節。最後仁宗始以「凡事不可過於苛細，轉失馭外之禮。卽五十八年，亦係將了此一事耳，逐囘不如接見之爲是」爲理由，允許英使覲見。但經辦此事的和世泰心中却不以爲然，連夜將「貢使」從通州帶至北京，次晨皇帝御殿召見，亞墨爾斯的表文禮服等物均未到京，乃以病辭，召見副使，亦稱得急病。皇帝以「貢使」如此倨傲無禮，乃下令將其遣囘，「貢文不必呈覽，其禮物俱著發還。」亞墨爾斯被逐囘後，英國已放棄再遣使到北京談判的念頭，要想達到目的，恐怕得另謀辦法了。

第三節　總督與商務監督官

一八一三年（嘉慶十八年），英國國會通過議案，取銷東印度公司獨佔東方商務的專利權，准許商人在印度自由貿易。惟東印度公司對中國貿易仍可再壟斷二十年，至一八三三年滿期。廣東地方政府事先已知道這項消息，因英商奸宄詐譎爲各國商人之冠，幸有大班統率，尙可略加約束，今聞東印度公司解散，大班取銷，深恐「散商」不易管理，故兩廣總督李鴻賓令英商寄信回國，囑英國另派「曉事大班」到廣州管理英商及經辦商務。英國政府聞訊，乃於一八三三年十二月鄭重其事選派律勞卑（Lord Napier）為英國駐中國的商務總監督（Superintendent），普羅東（Plowden）為副監督，戴衛（Davis）為第二監督，羅濱遜（Robinson）為第三監督。律勞卑為英國貴族，任上院議員，其屬下普羅東與戴衛均曾任職東印度公司，對東方情形頗熟習。

商務監督臨行前，英王特頒旨誥誡：

（一）對中國採取親睦態度，勿引起中國對英國有猜疑及惡感。

（二）非萬不得已，不得使用武力恫嚇。

（三）遵守中國法律習慣。

外相帕麥士東（Palmerston）復特別訓令律勞卑三事：

（一）審理刑事海上罪犯之權，宜愼重使用。

（二）與中國平等地位交涉，用公函通知中國總督。

（三）軍艦不可駛入虎門。

律勞卑於道光十四年（一八三四）七月十五日到澳門，欲赴廣州。兩廣總督盧坤得悉即「傳諭」暫留澳門，勿來廣州，但律勞卑已抵廣州矣（二十五日）。盧坤探知來者非大班而為「夷目」，其地位與大班有別，遂令行商往見之，詢其來意。律勞卑答稱彼有公函直達總督，不需行商傳達，且欲與總督面談一切。蓋律勞卑堅持要用平行款式的公函送與總督，否則有辱國體。盧坤的理由是，如果律勞卑是「夷官」而非夷商，則應先通知中國，如馬戛爾尼與亞墨爾斯均係如此。且卽令是夷官，亦不得與天朝總督書信平行。今律勞卑既不能證明其身份，復擅自來廣州（按慣例外商來廣州必先得行商之許可），顯然「居心抗衡」。所以盧坤一面重加壓力於行商，令其勸律勞卑迅速赴澳門，否則重懲行商；一面聲稱將實行「封艙」，以懲抑不法的英人，封艙卽停止貿易之謂。律勞卑亦拗執己見，決不示弱，除布告英商「不必以斷絕貿易爲慮」外，並報告英國政府，謂中國色厲內荏，使用武力較談判有效。雙方殭持不下，律勞卑乃調軍艦兩艘，停泊虎門口外，實行示威。盧坤不欲輕啓釁端，八月二十二日派官員三人訪律勞卑，詢問三事：（一）到廣州的原因？（二）究竟係任何種職務？（三）何時離廣州返澳門？律勞卑回答：（一）前中國總督請英國派員來管理商務，故到廣州。（二）其職務在致總督函中已說明。（三）返澳的日期視其方便而定。其態度如此强硬，已無轉圜餘地。盧坤遂於九月二日下令封艙。

封艙之後，中國役僕掃數撤退，並嚴禁食物運入商館。但律勞卑並不氣餒，九月七日下令停泊虎門口外軍艦兩艘，乘潮衝入虎門，要塞守兵發砲止之，互相砲戰，終駛抵黃埔。盧坤則加緊封鎖商館，欲使留粤英商因困頓不堪，而對律勞卑發生不滿。律勞卑令軍艦闖入虎門的行動，自覺已超出政府所賦與的權限以外，加以水土不服，身染疾病，同時被困英商亦時對彼之行動有怨言，乃宣告屈服。二十一日律勞卑乘軍艦離廣州，二十六日抵澳門，十一月十一日病死。盧坤報告朝廷稱：「兵船夷目均已押逐出口」。於是貿易恢復，一場風波，在中國政府心目中，已告平息矣。

律勞卑死後，曾任職東印度公司且諳華語之戴衞繼任爲總監督，採取沈默靜待的政策，擬等待英政府之新訓令。是時已有少數英商對戴衞的態度表示不滿，聯名上書英政府，主張使用武力直接北上與淸政府交涉，達到改善貿易現狀的目的。道光十五年（一八一五）一月，戴衞因之辭職。羅濱遜繼任，仍持緘默政策，不事更張，故商務監督雖不能行使職權而商務關係進行如常。次年（一八三六）羅濱遜在伶仃島設辦事處（在粵江口，其位置介在澳門與香港之間），有違訓令，被英政府免職。十二月，廖查理（Captain Charles Elliot 中國官牘譯爲義律）昇任爲總監督。廖查理爲歷任監督屬員，對三年來中英交涉情形頗瞭解。就任後，首先具禀交行商經手轉呈兩廣總督鄧廷楨，自稱「遠職」，請求赴廣州照料商務，鄧廷楨允其請，廖查理遂得赴廣州，時在一八三七年二月。至十一月，廖查理收到帕麥士東訓令，在任何情況下均禁止對中國官府用禀呈，更不得經行商轉呈。商務監督祇得再返澳門。

廖查理在向鄧廷楨遞禀呈時，同時卽上書英國政府，報告中國正討論禁煙問題，恐將因此引起危機。一八三七年七月書達英倫，十月帕麥士東訓令英國東印度艦隊司令梅廸南（Rear Admiral

Sir Frerick Maitland）率艦隊赴中國一行，並儘可能經常遣派一二艘軍艦在中國巡弋。一八三八年（道光十八）七月，梅廸南率軍艦兩艘到廣東海面，英國已在四年猶豫不決的情勢中，轉變爲使用武力爲後盾的強硬政策了。

本章主要參考書

劉復譯：乾隆英使覲見記。

夏燮：中西紀事。　是中國近代第一本外交史書。

許地山：達衷集。　大英博物館所藏早期中英貿易原始史料之一部份。

梁廷枏：粵海關志。

故宮博物院：史料旬刊。

梁嘉彬：廣東十三行考。　對十三行有甚確切之考證。

蕭一山：清代通史，中冊。　有專章敍述。

郭廷以：近代中國史，第一冊。　蒐集鴉片戰前中外交涉史料甚豐。

張星烺：歐化東漸史。　簡明可讀。

　　　中西交通史料滙編。

H. B. Morse: The International Relations of the Chinese Empire, 3 Vols. 爲西文中對中國近代外交史最詳盡而有系統之著作，足供參考。

Morse & MacNair: Far Eastern International Relations.

H. F. MacNair: Modern Chinese History Selected Readings.

上列三書，屬於一般性者，各章均可用。

第三章 鴉片戰爭

第一節 鴉片走私與大英帝國

自律勞卑憤死澳門以後，英國對華一直採取消極的維持現狀政策，但一聽到中國將嚴禁鴉片的消息，態度立刻轉趨強硬，梅廸南的艦隊便來示威。英國政策何以會轉變？

要回答這一問題，得先進一步了解英國與中國商務的眞情。

按英國自一五九一年（明萬曆十九年）開始經營印度，到一七六三年（乾隆二十八年）英法「七年戰爭」結束，歷時一百七十餘年，始獨掌印度政治經濟大權。十三年後北美十三州殖民地脫離英國獨立（一七七六），從此印度遂成爲大英帝國最重要的殖民地，生命線，掌上明珠。除掉印度物產豐富人口衆多，足爲英倫新興工業的原料供應地及廣大的市場而外，印度又成爲英國在亞洲發展的根據地。向亞洲發展的第一個目標當然是中國。中國不似印度境內小國林立，王公各自爲政，而是威震東亞的大清帝國，既不能蠶食，復無力鯨呑。於是英國對中國的發展，便限於商務貿易。也就是說，英國祇求對中國作經濟上的榨取。

十八世紀中葉，英國已發現一種向中國作經濟搾取的最佳方法，即是推銷鴉片。一七八〇年

（乾隆四十五年），英國失掉北美洲殖民地以後四年，東印度公司取得鴉片的專賣權。從此努力經營，印度鴉片的產量日增，在中國的銷路也蒸蒸日上，大英帝國的財富與國威自然亦隨之一日千里，成爲當時世界上最富强的國家。

鴉片最初銷入中國的數量很小，一七二九年（雍正七年）時，每年不過二百箱（小箱重一三三又三分之一磅，大箱重一五〇磅）。此後逐年雖有增加，但每年不過增多二十箱。到東印度公司取得鴉片專賣權時，印度每年運銷中國的鴉片約一千二百箱左右。經過東印度公司的鋭意經營，十年之間，鴉片銷路突飛猛進，一七九〇年時，竟達四千餘箱，此後，銷數激增。道光元年到八年（一八二一—二八），每年平均銷八千餘箱。道光九年到十五年（一八二九—三五），每年平均銷一萬七千餘箱。至道光十六年（一八三六），運到中國的鴉片有三〇、二〇二箱，道光十七年（一八三七）運到中國的鴉片竟達三四、七七六箱。惟是否全部售出，不得而詳。梅廸南奉命率艦隊到中國來的那一年（一八三八），英國準備用走私方法運銷中國的鴉片約三萬四千箱左右，價值西金兩千二百萬元以上。總計自道光元年到道光十九年，英國銷售到中國的鴉片總值西金二億三千萬元左右。

鴉片對英國的重要猶不止此。英國在印度每年徵稅的收入爲五千萬鎊，其中抽自鴉片者，爲八百萬鎊，乃是英國維持它在印度統治權所必不可缺少的收入。印度的重要，在它無盡的財富，而所供給英國新興紡織業最需要的棉花，不過佔印度全年出口貨物額的四分之一。鴉片却佔全年出口額的二分之一。所以在英國人的算盤上，鴉片超越一切。

不過，更重要的還得推中國的鴉片市場。英國人在印度投資種植鴉片，運到中國銷售，也祇有能在中國銷售。所得白銀的一部份運回英國以增加國富，一部份則購買中國特產如絲、茶、漆器、磁器等運到歐洲，或在廣州以高利貸放與中國商人；再以盈利所積的資本，投資印度擴張鴉片生產事業。如此周而復始，鴉片貿易自然利市百倍，大英帝國的聲威自然隨着更加煊赫。所以，英國的商人資本與保護商人資本的軍艦，加上印度出產的鴉片，與中國的鴉片市場，便構成大英帝國。印度被視爲掌上明珠的原因在此。中國將英國使臣當作貢使看待，被逐出境，商務監督被軟禁，被摒斥於澳門不得入廣州等之事件；英國毫無動於中，然一到中國要禁煙，廖查理馬上通知英政府，帕麥士東立刻命梅廻南率軍艦到中國，立卽改變緘默已久的政策的原因亦在此。

西方若干歷史學家，特別是英國的歷史學家，把鴉片戰爭稱爲「商務戰爭」；或謂係爭取國交平等的戰爭，甚至有人竟說是中國強迫西方人磕頭而引起的戰爭，事實證明都是違心之論。如果說是爭取國交平等而戰，則戰爭應該在馬戛爾尼，在亞墨爾斯，至遲在律勞卑事件後便可以爆發。如果稱爲商務戰爭，中國並未禁止任何正當商務，祇是禁止走私，而且禁止的是毒物走私，禁止犯了「滔天大罪的貿易」（Nefarious Traffic，英國人自己的話）。誠如鴉片戰爭時法國人所說，如果有人販運鴉片到馬賽便要處以絞刑，而英國人却將之解釋爲「商務」！

第二節　弛禁論與絕禁論

鴉片在唐時由阿剌伯商人傳入，中國人一直將它當作藥物看待，視爲治痢疾的特效藥。俟美洲菸草經西班牙人傳到東方後，爪哇土人首先將鴉片混入菸草內吸食，以增加菸草的香味，此法在明末流入中國。明萬曆十七年（一五八九），以由葡人輸入的鴉片數量日增，乃開始抽稅。清初沿海居民將吸法改良，煮成煙膏，用竹管在燈前吸食。數年之間，流行各地，遂有煙館的開設，吸食者漸多。政府以其戕害身體，「淫蕩人心」，所以雍正七年（一七一九）下令禁止販賣與開設煙館、違者的懲罰相當嚴厲，「私開煙館引誘良家子弟者，照邪教惑衆律，擬絞監候。」其時吸煙的人尚無罪名。當時每年輸入不過二百箱，所以禁令亦未嚴格執行。一七八〇年東印度公司取得鴉片貿易專賣權後，鴉片流毒中國的情形纔日趨嚴重。嘉慶元年（一七九六）清廷乃下令禁止鴉片入口，並禁民間吸食。四年後，復下令禁止種植。然英商與沿海奸民及地方官佐互相勾結，若干地方官及管關委員與守口官弁，「膽敢得受陋規，徇情故縱」，否則便「挾嫌誣拿」。故朝廷禁煙的命令雖嚴，胥吏反得以之爲納賄與敲詐的口實。嘉慶二十年（一八一五）復規定外船若再夾帶走私鴉片，一經查出，「即將一船貨物，全行駁回，不准貿易。」並切責行商，令其曉諭外商，到中國來祗能作正經生意，不可推銷此戕害身命的毒物。但清吏積習已深，英商走私方法百出，禁令如同具文，鴉片銷量仍然扶搖直上。道光元年（一八二一）廣東查獲奸民葉恒澍販賣鴉片，因此重申禁令，凡外船至粵，先由行商出具所進黃埔貨船並無鴉片甘結，方准開艙驗貨。如果行商通同隱徇，查出之後，加等治罪。從此英國便在伶仃島設船屯積鴉片，此一小島遂成為十九世紀世界上最大販毒中心。從此時起，直至鴉片戰爭，史稱為「伶仃時期。」

最初中國對鴉片的貽禍，祇注意到斲傷身體，敗壞風俗人心。嘉慶初年，已有人察覺西洋奇巧貨物，虛耗中國紋銀的現象，而主張以貨易貨了。到嘉慶二十三年（一八一八）遂有限制外船回棹時所帶去白銀，不得超過進口貨物所值十分之三的命令。中國上糧納稅，均以紋銀計算，必須以錢易銀。今銀價愈昂，制錢愈來愈賤，影響一般人民生計甚大。道光二年（一八二二），御史黃中模首請朝令閩、浙、粵各省嚴禁白銀偷漏，並且提出鴉片「耗財傷生，莫此為甚」的卓見。這時中國已開始感覺到鴉片走私在國民經濟上的影響了。此後朝野人士，對鴉片流行中國的問題，仍不時討論，最初的對策是嚴禁入口，無效之後，再重懲轉販運銷內地的奸民，仍然不能防止漏巵。白銀外流所產生的後果日趨嚴重，嘉慶末年紋銀每兩換制錢七百餘文，到道光十五、六年，紋銀奇昂，需一千二三百文，始可換銀一兩。社會經濟，國家財政，均由是發生險象，於是朝野一致呼籲，禁煙之事已刻不容緩。

鴉片流毒無窮必須禁絕是無容置疑，但數十年來，用盡各種方法都不發生效果，眞是「鴉片之禁愈嚴，而食者愈多，幾偏天下」了。若干眼見禁煙政策實際推行情形的廣東士紳，及曾在廣東為官的人士，遂站在純粹經濟的觀點，提出解決白銀外流的辦法。首先用「粵士私議」為題，向朝廷試探意旨，主張允許鴉片入口徵稅，同時「應弛內地栽種罌粟之禁，使吸煙者買食土膏，夷人不能專利」的是盧坤（一八三四）。朝廷不贊成盧坤的意見，仍命嚴禁。兩年後（一八三六），曾在粵東作過道員的太常寺卿許乃濟，彙集他在廣東服官時所見所聞，向朝廷提出弛禁鴉片的主張。許乃濟認為：

（一）鴉片走私是白銀外流的最主要原因，「以中原易盡之藏，塡海外無窮之壑，日增月益，貽害將不忍言。」「拔本塞源」的禁煙辦法是根絕「夷人互市」。但中國海岸遼濶，仍無法「止私貨之不來。」

（二）嚴刑峻法並不能防止奸民。「蓋法令者，胥吏棍徒之所藉為利，法愈峻則胥吏之賄賂愈豐，棍徒之計謀愈巧。」因「民之畏法，不如騖利，鬼域伎倆，法令有時而窮。」往事可鑑。

（三）弛禁的具體辦法：（甲）准許鴉片納稅入口，販鴉片所得之銀不准帶囘，只許以易貨物。（乙）准許民間販賣吸食鴉片，但文武官吏、士人、兵丁等不得任令沾染惡習」，由上官負責保結。

（四）准內地種鴉片。以廣東之情形而論，種煙並不妨礙糧食生產。其他各省於查明不礙糧食正常生產後，亦准其種植鴉片。

「弛禁論」提出後，宣宗認爲頗有道理，兩廣總督鄧廷楨，廣東巡撫祁𡎴，尤表贊同。但反對者衆多，兵科給事中許球提出「若祇能禁官與兵，而官與兵皆從士民中出，又何以預爲之地？」的問題，質詢弛禁論者。何「況明知爲毒人之物，而聽其流行，復徵其課稅，堂堂天朝，無此政體。」他的辦法仍然不外是「謹守舊章，嚴行整頓。」所異於前者，是先懲內地奸民，再治外夷。其他反對者，大都不脫許球窠臼，多站在違悖祖制，有乖政體，以及社會道德的立場反對弛禁。弛禁論被打倒後，便是如何能禁而有效的問題了。

鄧廷楨在廣東用盡各種方法，毫無效果，向外商「剴切諭飭」，也沒有反應。伶仃島仍然門庭若市，夷人「利欲薰心」，「肆無忌憚」，不理中國虛張聲勢的恫嚇。弛禁論消聲匿跡後兩年（一八三八），銀價已漲至一千六百餘文一兩，素來留心經濟問題的鴻臚寺卿黃爵滋，很沈痛地向皇帝提出當前的經濟危機。他從鴉片流毒論到白銀外流數目之驚人（據黃爵滋估計，從道光三年到十八年白銀漏卮共達三億兩以上，這個數字當然不確），「以中國有用之財，塡海外無窮之壑，易此害人之物，漸成涸國之憂，日復一日，年復一年，臣不知伊於胡底！」他想到財政上的危機，更是「輾轉不寐」；而以往所有嚴查海口，斷絕互市，查拿販煙與開設煙館，弛禁等辦法，均不能解決漏卮問題。所以他斷然提出惟有以重刑懲治吸煙者，始爲正本清源的辦法。「夫耗銀之多，由販煙之盛；販煙之盛，由食煙之衆；無吸食，自無興販，則外夷之煙自不來矣！」故他主張以一年爲期，限令吸食者戒絕，如不戒絕，處以死刑。一年期滿，民間五家互保，不告發者治罪。官吏犯者，除本人處死刑外，子孫不准考試。宣宗很受這封奏章的感動，乃下令徵求各封疆大吏的意見。朝廷收到覆奏二十餘件，莫不贊成黃爵滋吸食者處極刑的意見。

這些覆奏中，以湖廣總督林則徐的立論最澈底，顧慮最週到，辦法最切實可行。同時他歷年在轄區內推行禁煙的成效也最昭著。他不僅贊成吸煙者處死刑，更主張開設煙館者，與販鴉片者與製造煙具者均一律處死刑。他說鴉片問題，若「猶泄泄視之，是使數十年後，中原幾無可以禦敵之兵，且無可以充餉之銀，興思及此，能無股慄！」宣宗既痛下決心禁煙，無論對內的肅清，或對外的堵塞，都以廣東爲首要之區；因此命林則徐到京，召見十九次，道光十八年（一八三八）十二月詔派林則徐爲欽差大臣，馳赴廣東，查辦海口事件；並頒給欽差大臣關防。次年（一八三九）三月，林則徐抵廣州，開始他「誓與此事相始終」的禁煙工作。

第三節　林文忠公禁煙

中國政府要派欽差大臣到廣州禁煙的消息，英國的鴉片走私販子早就聽到了；在他們的想像中，這還不過是中國官場以往一樣，雷聲大，雨點小，毫不在意，下面是一個美國人對林則徐到廣州時之描述，足見他們態度輕鬆：

「欽差大臣終於禮拜日（一八三九年三月十日）晨八時半到廣州了。另外兩個人同我自己，走上停在商館旁的一隻小雙檣帆船甲板上，目擊他的光臨。他坐在一隻極大的官船甲板上，背後侍立着幾個戴紅綠顏色帽子的官吏，所以我個人對他有極好的觀察。他有一股尊嚴的神氣，稍爲粗鹵或者急烈的容貌，身材高大肥胖，濃而黑的鬍子和長長的髭鬚，看來約六十歲的樣子。他的坐船後面跟隨着許多船，船邊上寫着官員的品級。各色的彩旗在船尾招展着，船上的人都穿着很乾淨的紅紅白白的衣服，頭上戴着一色的圓椎形籐帽，那些船上都是城中重要的官員，自總督以迄鹽務大臣。

商館對面「紅色堡壘」（Red Fort）下面有軍隊排列，「荷蘭癡騃」（指中國舊礮台，輕蔑之意）下的華兵，也穿上鮮明的新制服列隊肅立。沿河兩岸地上的空隙及所有的門窗都擠滿了人，每個人都同我們一樣，安靜地，奇異地注視着這稀奇的一幕。所有其他船舶都緊靠兩岸，沒有一隻移動。一切都爲肅靜氣氛所籠罩着。」

不想林則徐到廣州後，切實奉行禁煙政策，「調查與行動」（"Investigate, and act" 英史家莫爾士 H. B. Morse 語）兼顧。他首先集合廣州三個書院的學生數百人於考棚，出了三個題目要學生答覆：（一）列擧鴉片囤積的地方，囤積者的姓名。（二）列擧零星轉販者的姓名。（三）斷絕鴉片流毒的方法如何？爲恐學生有所顧忌，所以答題上不書姓名。這一次「觀風試」的結果，鄧廷楨素所依畀的緝私人員韓肇慶及其串通作弊的官弁，一律被褫職。同時一般大小囤戶的姓名，也瞭然於胸。然後嚴禁吸食：首禁的是士人，因「今日之士子，卽他日之置官」，必須爲表率。次及水師，因吸煙之人何能負責緝私，最後始及一般平民。平民的禁煙，由地方公正士紳負責主持。

林則徐禁鴉片入口的步驟是先指出行商與外商勾結牟利的內情，諭其不可再事欺飾隱匿。並責令行商要外商「具漢字夷字合同甘結，聲明事後永不許夾帶鴉片，如再夾帶查出，人卽正法，貨盡入官。」如行商不能辦到，便要將行商「擇尤正法一二，抄產入官以昭烱戒！」

三月十八日要外商在三日內具結的通令送出後，並無反應。林則徐乃下令緝拿廣東最著名的毒犯英人顚地（L. Dent）。廖查理在澳門知道消息後，一面聲稱保護顚地，一面下令軍艦準備戰爭，同時報告帕麥士東稱：他認爲「無疑地，採取强硬態度纔可制服粗鹵的廣東地方官員。」三月二十四日，廖查理赴廣州，欲偕顚地赴澳，林則徐以毒犯欲逃走，遂封鎖商館。三月二十六日再以天理、國法、人情、事勢等四項理由，反覆開導令速繳出鴉片。林則徐要求外國人與中國合作禁毒，堅持外商要具結永不再夾帶鴉片的理由，都在這篇文告中說得盡情盡理，現在尙可一讀全文。林則徐「諭示夷人速繳鴉片四條」：

（一）論天理應速繳也：查爾等數十年來，以害人之鴉片騙人銀錢，前後所得不知幾萬萬矣。爾則圖私而專利，人則破產以戕生，天道好還，能無報應乎！及今繳出，或可懺悔消殃，否則惡愈深而孽愈重。爾等離家數萬里，一船來去，大海茫茫，如雷霆風暴之災，蛟鱷鯨鯢之厄，刻刻危機，天譴可畏。我大皇帝德威同天，今聖意要絕鴉片，卽天意要絕鴉片也。天之所厭，誰能違之？卽如英國之犯內地禁令者，前在大班喇啡（Robarts）圖佔澳門隨卽在澳身死；道光十四年，律勞卑闖進虎門，旋卽憂憤而死；嗎哩遜（Robert morrison）暗中播弄，是年亦死；而慣賣鴉片之曼益死於自刎；此外凡有不循法度者，或回國而遭重譴，或未回而伏冥誅；各國新聞紙中，皆有記載。天朝之不可違如是，爾等可乎不凜懼乎。

一、論國法應速繳也：聞爾國禁人吸食鴉片，食者處死，是明知鴉片之害人也。若禁食而不禁賣，殊非恕道，若禁賣而仍偷賣，是爲玩法。況天朝販賣之禁，本比吸食爲重。爾等雖生於外國，而身家養活，全靠天朝。且住內地之日多，住爾國之日少，凡日用飲食以及積蓄家財，無非天朝恩典，比之內地百姓更爲優待，豈爾等於天朝之法，尙不知凜畏耶。從前鴉片雖禁，尙不加以嚴刑，乃是天朝寬大之政，故於爾等私下販賣，亦不十分窮究。今則大皇帝深惡而痛絕之，嗣後內地人民不特賣鴉片者要死，吸鴉片者也要死。試思爾等若不帶鴉片來，內地人民何由而吸，是內地人民之死，都是爾等害之，豈內地人民該死，而爾等獨不該死乎。今仰體大皇帝柔遠之心，姑饒爾等之死，只要爾等繳清煙土，出具以後永不夾帶甘結，如敢再帶，人卽正法，貨盡沒官。這是寬既往而儆將來，何等包含渾厚。且無論爾歷年所販鴉片不計其數，就論上年帶來鴉片偷賣去的，諒亦不少了，僅將躉船之現存者，儘數呈繳，已極便宜，那有再讓爾等多賺銀錢，更誘內地民人買食以陷死罪之理？恭查大淸律例，內載「化外人有犯，並依律擬斷」等語，從前辦過夷人死罪，如打死人償命之類，都有成案。試思打死一命，不過衅起一時，尙當依律抵死，若販賣鴉片，直是謀財害命，況所謀所害何止一人一家，此罪該死否，不該死否？爾等細思之。

一論人情應速繳也：爾等廣東通商，利市三倍。凡爾等帶來貨物，不論粗細整碎，無一不可銷售，而內地出產，不論可吃可穿可用可賣者，無不聽爾搬運。不但以爾國之貨，賺內地之財，並以內地之貨，賺各國之財。卽斷了鴉片一物，而別項買賣正多，則其三倍之利自在，爾等仍可致富，既不犯法，又不造孽，何等快活。若必要做鴉片生意，必至斷爾等貿易，試問普天之下，豈能更有如此之好碼頭乎？且無論大黃茶葉不得卽無以爲生，各種絲斤不得卽無以爲織，卽以食物中之白糖、冰糖、桂皮、桂子，用物中之銀硃、膡黃、白礬、樟腦、等類，豈爾各國所能無者？而中原百產充盈，儘可不需外洋貨物。若因鴉片而閉市，爾地全無生計，豈非由於自取乎。況現在鴉片無人敢買，爾等寄在躉船，按月有租賃之價，日夜有防範之工，豈非多此枉費？一遇風狂火熾，浪捲潮翻，沈沒燒毀，皆意中事也。何如呈繳而得優賞乎？

一論事勢應速繳也：爾等遠涉大洋來此經營貿易，全賴與人和睦，安分保身，乃可避害得利。爾等售賣鴉片，貽害民生，正人君子，無不痛心疾首，甚至與販吸食之人，罹於死罪者皆由爾等賣煙而起，卽里閭小民，亦多抱不平之氣，衆怒難犯，甚可慮也。出外之人，所恃者信義耳，現在各官皆示爾等以信義，於心安乎，於勢順乎？況以本不應賣之物，當此斷不許買之時，爾等有何爲難，有何靳惜？且爾等不食，勢難帶回，若不繳官，留之何用。至旣繳之後，貿易愈旺，禮貌有加，豈非爾等之福。本大臣與督撫兩院，皆有不忍人之心，故不憚如此苦口勸諭，禍福榮辱，皆由自取，毋謂言之不早也。

次日，廖查理以困居商館，食物佣人均告缺乏，英國及各國商人被牽連受難，爲顧全各國人等安全計爲理由，要求英商將其囤積在伶仃島等處鴉片繳出，由商務監督出據收訖後再代繳與中國政府。經廖查理這樣處置，本來是中國政府向在中國沿海走私販運毒物的商人追繳違禁品，現在却變成中國向大英帝國政府手中收到兩萬零二百八十三箱鴉片了。帕麥士東對外宣稱決不保護商人在大英帝國旗幟之下作非法勾當的話，其誰之信！自廖查理允繳鴉片之後，商館防守鬆弛，林則徐立卽供應外商牲畜等食物二百餘件，並允每箱鴉片酬賞茶葉五斤。五月二十一日，鴉片繳淸（廖查理欲團結各國一致對付中國，其他國家商人之鴉片一千五百餘箱亦由彼出據收到再繳與中國）。二十四日廖查理與英商全離廣州，並勸當時對華貿易額僅次於英國之美商一同離粤，美商拒之。按自三月開始禁煙以來，美荷等國以未販鴉片，迭次請求開艙貿易，林則徐欲各國商人痛恨英人販鴉片而牽連彼等，可收「以夷制夷」之效，故未允所請。至鴉片繳清後，始全體開艙貿易。廖查理到澳門後，態度轉强硬，拒絕貿易，亦不收受賞賜之茶葉十餘萬斤。自此以後，中英正當貿易事實已告停頓，廣州祇剩下二十五名美商。

六月三日，林則徐會同中外人士，在虎門附近海灘將鴉片全部澈底銷毀（共費時二十三天）林則徐的任務是完成了，宣宗十分嘉喜，欲調其赴任兩江總督。這是一般取巧人士最好的機會，可以「功成身退」。但是林則徐知道他的工作還沒有完結，最重要的還有外商具結今後永不夾帶鴉片，與廣東吸食與販的問題，都沒有解決，不願他調。朝廷尊重他的意見，乃調鄧廷楨為兩江總督（鄧仍留粤幫助林，並未赴任），並改授林則徐為兩廣總督，以便貫澈他的禁煙工作。

廖查理在澳門將他自己所造成的局勢報告英國政府，靜待戰爭的爆發。少數明白事理的英商雖甘願遵守中國法令，入黃埔具結然後貿易而去，但廖查理禁止他們如此。時海上鴉片走私貿易，在七月左右已經恢復，煙價也由每箱西金五百元，猛漲到每箱西金三千元之鉅。總之，英國人並沒有吃虧。

正當具結問題殭持不下時，又發生「林維喜案」，使中英糾紛更加複雜。七月七日（與一百年後的蘆溝橋事變巧合）英國水手酒醉行兇，將九龍尖沙嘴村人林維喜毆斃。中國要求英人將兇手交出，廖查理不理林則徐的要求，自行判決行兇水手，最重的處罰金二十鎊並監禁六月。這與「殺人償命，中外皆同」的原則相差太遠，所以林則徐與鄧廷楨命令澳門驅逐英人，廖查理祇得率英商五十餘家寄居船上。九月四日，廖查理以印度增援軍艦已到，乃以購食爲名，至九龍開槍殺死中國兵士二人，傷六人。中英之間已入於戰爭狀態，所缺少的，僅僅是英國大軍的到華而已。

第四節　英國由報仇而戰爭

廣州收繳鴉片的報告於九月二十一日到達倫敦，英政府以師出無名，猶豫不決。十一月三日林維喜案的消息送到外交部，英國政府始決定對華戰爭，其理由是英國商務受到限制，英國國旗遭受侮辱，英國人民的生命受到威脅，故下令在印度組織一支「小規模的遠征軍」。英國在遠東有商務關係的團體此時亦叫囂不已，呼籲政府對中國採取「堅強有力的行動」。英國國會中的反對派雖然攻擊這是「英國永遠蒙羞的戰爭」，但仍以九票的多數通過了。一八四〇年（道光二十年）四月三日，英內閣下令向中國要求傷害的補償，如果不能達到目的，纔實行用兵，所以他們解釋這是「報復」（Reprisals）而非「戰爭」。是年六月二十一日，由廖喬治（Rear-Admiral George Elliot 官牘譯爲懿律）爲總帥的英國「遠征軍」到達粵海面，宣佈封鎖廣州，旋卽率艦隊北上，欲直接與中國朝廷交涉。七月七日佔領浙江定海，淸廷得悉定海失守後，纔知局勢嚴重，始調兵遣將，準備戰爭。

中國沿海對戰爭有戒備的祇有廣東一省。按林則徐自到廣州後卽開始對「知彼」下功夫，他派人翻譯當時惟一報導世界大事的新聞——澳門月報，知道夷人的「船堅礮利」，所以他告訴朝廷：

卽以船礮而言，本爲海防必需之物，雖一時難以猝辦，而爲長久計，亦不得不事先籌維。且廣東利在通商，自道光元年至今，粤海關已徵銀三千餘萬兩。收其利者，必須預防其害，若前此以關稅十分之一製船造礮，則制夷已可裕如，何至尙形棘手。……則以通夷之銀，量爲防夷之用，從此製礮必求極利，造船必求其堅。

他這一番語，被宣宗罵爲「一片胡言」。惟他在廣東一年來，確是無日不兢兢於沿海防務，常「出駐海澨，罔避風雪暑雨」。雖然他已知道大黃茶葉不足「制夷死命」，但他所能「辛勤籌辦」的海防，也祇限於「令水師不必在洋攻剿，但固守口岸籓籬，備火船，乘月黑潮退，出其不意，分起潛出，乘上風攻其（夷船）首尾，火器皆從桅擲下。又招募漁蛋，董以兵弁，潛伏島嶼，隨時挈小船攻撲」的火攻政策。英軍並沒有選擇廣東爲戰場，有許多人認爲這是林則徐的幸運，似有道理。但以林則徐與當時其他疆吏比較，祇有他重視軍備，講求實際，而且爲防務盡了最大的力量。如果各省都像林則徐在廣東一般設防，英國那四千陸軍究竟經得住多大的消耗，便很成疑問了。林則徐對他自已的處境，相當淸楚，在得到英國軍艦東來的消息後，曾寫信給他的夫人一吐心懷道：「外間悠悠之口，都謂我激起夷釁，……予明知禁煙妨礙奸夷之利，必有困難，而毅然決心不敢稍存畏葸之心者，蓋以身許國，但求福國利民，與民除害，自身生死尚且付諸度外，毀譽更不計及也。……而今英夷兵船來華，既不能在粵思逞，必然改竄他省，他省海口皆無設備，苟有疏失，則該督撫必然諉罪於予之惹起夷釁焉，則是非亦只可聽之公論而已。」果不出林則徐的預料，聽到英軍犯定海消息的宣宗，便大發雷霆的說：「浙江水陸營務的廢弛，不問可知。區區小醜，膽敢如此披猖，彼文武大吏，卽張皇失措，平日豈僅知養尊處優耶！」「罔避風雪暑雨」的人，較「僅知養尊處優」者，究竟略勝一籌。迨英國軍艦到大沽後，宣宗更加憤怒，從前曾奉上諭「不慮卿等孟浪，但戒卿等不可畏葸」的林則徐，竟被責備爲「不但終無實效，反生出許多波瀾，思之何勝憤懣」了。

英國艦隊於八月十一日到達大沽口，直隸總督琦善得報卽自保定馳赴天津，佈署防務。發現能調用的兵力祇有六百餘人，大沽口的守兵僅百餘人，趕急向各地督調的軍隊，也不過二千名。「京畿營伍廢弛」，更是「不問可知」。負責任的琦善，一個不小心，便要同烏爾恭額（浙江巡撫）同一運命。因此琦善到天津後，便立定政策，一意祇求英國軍艦離開河北海岸，越速越好。八月十九日，清廷收到英國外相帕麥士東致中國宰相的照會。這一照會措辭强硬，等於最後通諜，提出五項要求：（一）賠償煙款。（二）兩國來往用平行禮。（三）割讓中國沿海一島或數島。（四）償還行商歷年積欠英商的債務。（五）賠償軍費。照會中對於鴉片走私的責任，諉諸中國官吏禁煙不力，而對禁煙甚力的林則徐，又批評他沒有事先通知英國，使英人受到勒迫。因此帕麥士東要中國答應全部要求，否則便是戰爭。照會譯成中文後，完全走了樣，宣宗與琦善等人，竟將它看成英夷是來「求討皇帝昭雪伸冤」的。所以宣宗諭示琦善，命他拒絕英國的要求，但「昭雪冤抑一節，自應逐加訪察，處處得實，方足折服其心，……俾該夷等咸知天朝大公至正，無稍回護。」琦善與廖查理會談於大沽，除發現「該夷性質粗豪強悍外」，並得到英人船堅礮利的報告，更增加他對英艦「返棹南還的願望」。所以他答應北京立刻派人到廣州查辦，對林則徐一定「重治其罪。」時廖喬治已得到駐紮舟山英軍因水土不服，全部罹病，死亡達四百餘人的報告。以兵力不足，不便在北方作戰，乃率軍艦離去。清廷以琦善憑三寸之舌，說退夷兵，對之大為嘉賞，遂命琦善為兩廣總督，將林則徐、鄧廷楨兩人撤職，交部「嚴加議處。」琦善則奏請留二人在粵匡助籌辦。

琦善於十一月二十九日到廣州，發現問題決不如他想像那樣單純，英國態度強硬，而朝廷主戰派得勢，宣宗不願「費餉勞師」的主意亦開始動搖。琦善既不敢答應英國的要求，復無法抗拒英國的武力威脅，在道光二十一年（一八四一）一月沙角炮臺失守，虎門炮臺被英軍炮毀後，他被迫答應廖查理（廖喬治於二十年十一月因與查理意見不合稱病返國）割讓香港，賠款六百萬元，國交平等，增開口岸的條件，以緩和英人攻勢。但將實際情形隱匿不報告朝廷，甚至對廣東巡撫怡良亦嚴守秘密。然宣宗在得知英夷佔據沙角炮臺後，便下決心「痛加勦洗，聚而殲旃，方足以彰天討而慰民望」

了。道光二十年（一八四一）一月二十七日，中國正式對英國宣戰，派御前領侍衛內大臣奕山爲靖逆將軍，戶部尚書隆文、湖南提督楊芳爲參贊大臣，調集四川、湖南、貴州各省兵丁約一萬人馳赴廣東「剿辦奸夷」。同時任命主戰最力的裕謙爲欽差大臣，負責浙江軍事。適琦善割讓香港的事，由怡良參奏到京。於是宣宗痛責琦善「辜負國恩，喪盡天良」，將他鎖拏押解赴京，所有家產卽行抄查入官（琦善家中抄出西班牙銀幣一千萬元，黃金四百兩，東珠一千餘粒，當鋪六家，田畝三十四頃，店棧等房八十一處。）

廖查理知琦善撤職，和議已破裂。二月下令攻虎門，經三日血戰，提督關天培陣亡，虎門要塞陷落。名將楊芳所率湖南援兵應戰卽潰敗。五月，英軍進攻廣州，奕山隆文等已無力抵抗，所收集大糞等穢物，欲以破英軍之妖術的辦法，經事實證明無效，祇得向英軍屈服，將軍隊撤出廣州，並於七日內納六百萬元與英軍作爲廣州的贖金，得到英軍不進據廣州的交換條件。但奕山向朝廷的報告，却說夷目進攻到廣州是見「大將軍有苦情上訴」，將「商欠」付清後已退出虎門，爲「先蘇民困」計，已暫准英商貿易等語。宣宗當然不知實情，仍然一味主戰。而廖查理則因爲等候英政府對他與琦善所訂和約的訓令，所以取得贖金後便讓廣州得到局部和平。但不旋踵又發生「三元里事件」。蓋英軍戰勝後，對待華人驕橫已極，激起廣東平民的反感。五月三十日，英軍在三元里輪姦一老婦人，村民聞訊憤極，一時聚數千人，將數百肆虐英軍包圍，因天雨槍彈失靈，被毆死傷二十餘人，知府余保純彈壓，民衆散去，從此粵民自信力能戰勝夷人，爲後來第二次中英戰爭伏下一遠因。

英國政府於四月內閣會議否決廖查理與琦善所訂之和約，認爲違悖訓令，未能滿足英人之要求，乃將廖查理免職召回，另派樸鼎查（Sir Henry Pottinger）代其職。自「廣州之圍」後，中國方面以戰事已了，七月二十八日上諭通令沿海撤兵。不意十三日後（八月十日）樸鼎查到粵，率艦北駛，首先攻陷厦門，至此，主持和戰大計的宣宗纔知道英國也有陸軍，纔知道「船不能上岸，磤不能離船」的說法不可信了。九月再陷定海，守將葛雲飛、王錫朋、鄭鴻全部戰死（定海於琦善議和後，二月二十四日英軍已退出）。十月英軍陷鎮海與寧波，要抽夷人筋作馬鞭的欽差大臣裕謙自殺。樸鼎查在浙江得勝後，以冬季已屆，暫按兵不動。清廷則乘此時機，調整閩、浙、蘇三省人事，調兵遣將，力圖收復浙東。統籌東南沿海防務的揚威將軍奕經於布署已定後，統率軍隊二萬餘人開始「進勦」工作。道光二十二年（一八四二）三月，奕經反攻寧波、慈谿大敗。浙江巡撫劉韻珂見戰爭已無可勝之機，乃就軍事、民情、糧餉等各方立論，向宣宗陳說十項危機。形勢至此，宣宗始授耆英爲欽差大臣，並諭以「暫時羈縻」。五月，英軍攻陷乍浦，六月佔吳淞及上海，吳淞守將陳化成力戰陣亡。此時英國援軍已到，遂溯江而上，攻陷鎮江。鎮江爲南方糧食經運河北運的孔道，鎮江一失，「京倉卽有匱乏之虞」，迫使清廷決心不顧一切求和，乃密諭耆英「便宜行事」。八月六日，英旗艦「孔華麗士」（Cornweallis）駛抵南京下關，八月十二日樸鼎查提出條款，脅迫中國全部接受，否則卽攻城。時南京雖有防軍七千人，而英國大小軍艦麕集江中者不下七八十艘，陸軍三千餘人，中國早巳「諸帥膽裂」，祗得高懸白旗，接受城下之盟，「三千年未有之變局」由是展開。

第五節　劃時代的八月二十九日

八月二十九日，中英南京條約在英國軍艦「孔華麗士」上簽字。英國代表爲樸鼎查，淸廷代表爲欽差大臣耆英，乍浦副都統伊里布，兩江總督牛鑑雖自始卽參與和議，但非議和全權代表，故未書名於條約上。

南京條約共十三條，其要點如后：

（一）開廣州、福州、廈門、寧波、上海等五處爲商埠，許英國領事駐紮。

（二）割讓香港與英國。

（三）賠償英國於道光十九年所繳鴉片款價六百萬元，商欠三百萬元，軍費一千二百萬元，共二千一百萬元，分四年交淸。

（四）廢除行商制度。

（五）廣州等五處應納進口出口貨稅餉銀，秉公議定則例。英商繳納規定進口稅後，運往中國其他各地所經稅關，不得加重稅例，祗可照估價則例若干，每兩加稅不過某分。

（六）兩國官方往來文書概用平行款式。

（七）在戰事期間為英人服務之中國人，概行免罪。

（八）中國賠款償淸與五口開關後，英軍始退還舟山羣島。

這個條約使中國損失若干權利，但似可不必視之為「不平等條約。」因為無論古今中外，戰勝國與戰敗國之間所訂立的和約，通是不平等的，不平等的原因，不在條約的本身，而是因為中國戰敗了。在人類還沒有都是「君子」以前，則戰敗國應該認輸，應該吃虧。

眞正的不平等條約，是在雙方基於平等地位，無所謂戰勝與戰敗之分，大家「秉公」磋商的情況之下，其中甲方利用乙方有所不知道，也無從由知道的知識，誘使乙方訂立與其不利的條約，到乙方後來發現於己大為不利時，又因懾於力量不能修改，而甲方反得明正言順按照條約行事了。這在甲方是欺騙與矇混，在乙方則是受騙。正如同鄉下佬進城，因受人侮弄，便動手毆打，毁壞了百貨店的玻璃櫃，打傷了人的眼睛，被迫賠償、坐牢一樣，雖然挑釁的不是他，吃了虧也祇能自認晦氣。但如是被市儈用假鈔票買了他的田地，鄉下佬不辨鈔票眞假，又不識字，糊裡糊塗在出賣的契約上劃了「十」字，打上手印，等到發現受騙時，復懾於市儈的聲勢，莫可奈何。兩種情形下，這個鄉下人都是吃虧，但性質全然不同。

所以我們認為南京條約以後所訂立的一些條約，纔是眞正的不平等條約。他們利用中國官吏所絕對不可能知道的歐美所通行的「國際法」，誘使中國與之訂立許多喪失國家權利而無法自知的條約。我們今日與其苛責當時辦理「夷務」的人「愚昧無識」，倒不如承認當時歐美來華的外交官很能替他們的國家攫取許多「額外」的利益還恰當些！

第一個不平等約是南京條約簽訂以後兩星期（一八四二年，九月十三日），耆英與英人用換文方式所訂的「善後章程」八條，其第七條規定：「英國商民既在各口通商，難保無與內地（中國）民人交涉獄訟之事，應即明定章程，英國人歸英國自理，華民由中國訊究，俾免衅端，他國夷商，仍不得據以爲例。」歐美通行國際法中有損國家主權最重要的「領事裁判權」，英國人在輕描淡寫中便得到了。

次年（一八四三），耆英奉命到廣州與英人商議五口通商的詳細規章，這是戰火結束後，兩國基於平等地位的一種協商，在形式上雙方確是平等，但事實上却訂立了極不平等的條約。耆英與英人所訂的有「中英五口通商章程」，其中除領事裁判權有明文規定外，並有英國「官船」可以進入通商五口的條款，所謂官船，即是軍艦。「通商章程」之外，尙有「虎門條約」，英國取得在五口「議定界址」的居住權，與「將來（中國）設有新恩施及各國，應准英國人一體均沾。」的權利，這是後此租界成立與片面最惠國待遇的濫觴。繼英國之後，美國總統泰勒（Tohn Tyler）亦遣派顧盛（Caleb Cushing）帶了一封自稱爲「孤統攝二十六邦」的致中國皇帝的國書，於道光二十四年（一八四四）

乘軍艦抵澳門，與耆英簽訂「中美五口貿易章程」（又稱望厦條約，因訂立於望厦故名）。除掉割地，賠款而外，舉凡英國在中國所得到利益，美國都「一體均沾」了。尤其重要的是中美條約對領事裁判權的規定更加周詳確定（如美國與他國商人爭執時，中國亦不得過問）。美約訂立後，法使剌蕚尼（De Lagrené）亦接踵而來。就法國而言，並不重視通商，故在英美已經獲得的權利，它有權同享外，便要求天主教弛禁與發還康熙年間被沒收的天主教堂。中國最初堅持不允，法使乃以軍艦示威，並散佈法人要佔舟山的消息，最後宣宗亦祗得「稍從權宜」，約中加上「倘中國人將佛蘭西禮拜堂墳地觸犯毁壞，地方官照例嚴拘重懲。」的條款。這是此後令清廷最傷腦筋的「教案」的發端。此後葡、比、瑞典、挪威等國，相率效尤，中國於不知不覺當中，將自己的權益一一拱手讓人。道光二十六年（一八四六），中國已如期全部履行南京條約所列的條款，英國自應無條件交還舟山，但却要挾清廷答應了舟山永不割讓與他國條件，這便是所謂「勢力範圍」的劃分。

總之，南京條約以後四年間中外所訂的條約，都是應該平等，而實質上却極不平等的條約。英國因爲戰爭得勝，獲得了按照他們的國際法上的國交平等；而中國却因爲根本不知道那些「國際法」的緣故，承受了知識上不平等所加與的損害。因戰敗而割地賠款的損失是暫時的，有限度的；因先天的（歷史傳統）知識不平等而受的災難是恆久的，無窮盡的。這是我國近百年一切劇變的發端，國家民族苦難的開始。痛定思痛，讓我們綜計一下這場因禁止鴉片而惹起的「商務戰爭」所賜予中國的影響吧！

（一）協定關稅　即外貨進口的稅率與外貨入口後運銷各地的稅率，均須與外國政府協商訂定。如此則中國對於與國民生計無關，甚至有害的貨物，無法用提高關稅的方法遏止其銷售，使國民經濟的耗損，國家財政的枯竭，莫此為甚。尤有進者，中國新興工業，因為沒有關稅保護，不能與擁有雄厚資本的西方工業競爭，在萌芽孳生的時候，便被摧毀無餘。在這種情況下，中國淪為西方國家的原料供應地與成品的市場，中國的財富亦日復一日地被榨取，被吮吸。如此下去，焉得不民窮財盡！

（二）領事裁判權　即外人雖僑居中國，但不受中國法律之管制，外人犯罪或與華人興訟，均歸其本國官吏按照其本國法律審決。外人在中國並無法庭（後來英美在華設有法庭），案件悉由領事裁判，領事固非法律專家，且各國領事多為商人兼任者，裁判之公允與否，姑置不論，其罪犯之執行問題，實屬漫無標準，雖重罪犯人，亦常有逃逸之事發生。如此則外人在華行為既不受中國法令制裁，本國法律亦不能有效執行，於是中國各地遂有了許多無法無天的「夷人」，販賣毒物，開設賭場，橫行無忌。

（三）租界的形成　外國商人既取得攜眷在通商口岸居住的權利，乃租借土地、建築房屋、學校、教堂、倉庫，並乘中國內亂的機會或其他藉口，隨時擴展租借地的範圍。租界之內，自有其政府與法律，儼然在中國境內成立無數獨立的小王國。太平天國變亂發生後，上海租界內首先容許中國人居住，其他各地租界繼起效尤，居住在租界內的中國人，不再受中國法律的裁判，若干漢奸國賊，貪污犯罪之徒，遂以租界爲被難享樂的天堂、娼妓盜匪，更以租界爲淵藪。破壞中國主權獨立，領土完整之處，尤在其次，對中國社會風尚，國民道德方面影響的深遠，眞是罄竹難書。

（四）最惠國待遇　按歐美各國互訂商約時，均有最惠國待遇的條款，但所指僅限於商務上的關係，表示互相貿易時不能有差別歧視的待遇。但中國與各國所訂的最惠國待遇條款是指中國無論在政治上、經濟上、文化上等各方面讓與任何一國的權利，訂有最惠國待遇條款的國家，均得援例享受。從此各國凡是看到中國與他國訂立喪權辱國的條約時，莫不額首稱慶，因爲他們又可有新的權益可享受了。

（五）軍艦自由航行　虎門條約規定英人可派軍艦到五口，當時五口均在沿海，故外國軍艦可在中國沿海自由航行。到後來口岸愈開愈多，遍及全國，於是外國軍艦便可自由在中國沿海和內河駛來駛去。偶有交涉，各國軍艦動輒便把礮衣褪下，礮口指向毫無武裝設備的城市以資恫嚇，甚至隨意礮轟城內居民的事件，也數見不鮮。從此中國門戶洞開，沒有國防可言。

（六）修約　中美黃埔條約規定每隔十二年修改一次，中英商約雖無此規定，自可援例同享。按商約最重要的是協議關稅率，各國每十二年修約一次，可以斟酌中國市場供求實況，及其本國與中國工商與迭情形，隨時調整稅率，以便控制中國經濟。後來竟因爲這個問題的爭執，掀起了另一次戰爭。詳情在第六章第一節內敍述。

第六節　天朝的反應

上述六項，不過是後來的人，對當時所訂立不平等條約內容的分析，但是當時的人，却不作如此看法。他們對這次戰爭的後果，自然祇能根據他們所有的時代知識加以評論。必須要瞭解當時人對這一切條約的分析，纔能够深切體會到今後所發生許多大事變的本源，纔能够正確敍述中國近百年的歷史，否則便不能避免「以今非古」之譏。

戰爭結束後，朝野自是議論紛紜，惟除掉少數受了，「三元里事件」渲染過甚以爲「民氣可用」的人士而外，大多數在原則上都不反對議和。但對和約的內容，却有不少批評，綜合他們的意見，不外數點：

（一）國威受損　堂堂天朝竟被夷人所敗，弄到割地賠款求和，甚至和約上「請蓋御寶與之。」「忠義之士聞之，誰不憤恨；四海之屬聞之，誰不輕中國乎！」這的確是當時人士所最痛心疾首的一點。甚至皇帝也爲此終身內疚，當江浙巡撫以爲收回英人交還的舟山有功，想嘉獎出力的人時，宣宗却認爲「此事朕方引愧自恨之不暇」，何功之有？他臨死時還因此戰而痛自譴責，遺命不要將他自己入配太廟。

（二）各國效尤邊境多事　各國勢必接踵而至，「外肆要求，變幻莫測，我未能深悉夷情，又安能盡服醜類！」所以深以「爲中土之患者，又豈止英夷一國而已哉」爲慮，這一點是被他們預料到了。

（三）國家經濟受害　當時人認爲出口貨物未加限制爲不當，如果任聽茶葉、銅、鉛、鐵、錫任意輸出，影響國民經濟，其患將勝過「洪水猛獸」，使國脈受到損傷。

（四）寬宥漢奸之失策　抨擊這一條的人最多。當時大家認爲「夷（人）所由蹂躪我中國者，皆使之爲嚮導，爲內應，中國之人恨不食其肉而寢其皮。」現反將這種犯了「彌天大罪」的漢奸赦免，今後必在外人指揮下，成爲奸民，後患無窮。中西紀事的著者夏燮得知英人在新嘉坡設有英華書院，用高於中國數倍的束脩薪水，招攬中國文士前往，並欲資送舉人、秀才出洋時，不禁嘆道：「是相率而爲漢奸者，又不止刑餘商賈而已！」

（五）應提禁煙之事　戰爭既因禁煙而起，但南京條約未提禁煙之事，亦最爲當時人士所不滿，禁煙之命已成具文。通商條約訂立後，夏燮批評道：「貨物有稅，鴉片無稅」；中國國內對鴉片復弛禁，「於是權利操之外洋，而煙土遂爲各行之首業」了。

當時極留心時務的劉韻珂，曾提出南京條約所貽的八項後患，錄在下面，以見當時人的想法。

（一）夷既以兵脅和，因以夜郎自大。通商碼道，清道而來，文武官吏，皆將尹邢避面。取人財貨，掠人妻女，又敢問乎？

（二）名曰五處碼頭，實則隨處可到，假令從數十百里深入漸進，又遨遊蘇、杭、嘉、湖等處市街，孰能禦之？

（三）不軌之徒，干犯國紀，竄身夷館，卽屬長城。

（四）民犯夷，則恐縱民以怒夷；夷犯民，又將執民以媚夷；地方官只知有夷，不知有民。

（五）水師將弁，本皆懦怯，洋盜出沒伺刼，祗須懸「大英國」旗號，我兵便已落膽。

（六）挾兵通商，自必免稅。沿海諸國，大率為英人所脅服，此後貨船皆附入英夷，我設關而彼收稅。

（七）此時所痛心切齒者，祇在用兵，如兵可用，區區之稅，固不足云耳。黃巖一縣，無不吸煙。晝眠夜起，杲杲白日，闃其無人；月白燈紅，乃開鬼市。煙禁大開，鬼世將成。

（八）兩年來干戈擾攘，專為禁煙，卽為漏銀。煙禁仍開，銀盡可得。

當時人士對南京條約所有的條款，都有評論，對各條款貽患的分析，亦相當詳盡透澈，惟獨無人討論協議關稅條款。此卽足以說明後日欣然同意簽訂那一連串無異於賣身契的商約之原因所在了。

本章主要參考書

梁廷枏：夷氛紀聞。著者所記林則徐、鄧廷楨言行，皆得之目擊，與搜輯材料而成之書，大有不同。

林則徐：信及錄。輯在廣州時期公文檔案。

林文忠公政書。

李圭：鴉片事略。爲中文方面記載鴉片貿易最詳盡之作。

潘福頤：東華續錄。全屬政府檔案。

故宮博物院：道光朝籌辦夷務始末。經過官方整理後之外交檔案。

夏燮：中西紀事。極重要之參考書。

清史列傳

李元度：國朝先正事略。以上兩書可查各重要人物傳記。

清宣宗聖訓。可知朝廷意旨。

魏源：聖武記。

海國圖志。

王之春：國朝柔遠記。

故宮博物院：清代外交史料，道光朝。

蔣廷黻：近代中國外交史資料輯要，上冊。　本書所輯史料極完備，史料之安排與考竅，均縝密確切。

郭廷以：近代中國史，第二冊。　所輯鴉片戰爭史料極周詳。

蕭一山：清代通史，中冊。

陳恭祿：中國近代史，上冊。

但燾譯：日人稻葉君山著：清朝全史。

劉彥：帝國主義侵略中國史。　以上三書對鴉片戰爭之專章敘述，均有一讀之價值。此類一般可用之書以後不備舉。

西文方面，除第二章所附參考書目中已列舉之書外，尚有：

H. B. Morse: Chronicles of the East India Company Trading to China.

A. J. Sargent: Anglo-Chinese Commerce and Diplomacy.

D. McPherson: The War in China.

第四章　全國大動亂

第一節　滿清的隱憂

不平等條約對中國的傷害，帝國主義者對中國人的朘削，是逐漸加深的，在開始的時候，很難被人察覺。最先感覺到環境有改變的，僅僅是幾個通商口岸。五口之中，除廣州而外，一般平民以往沒有見過外國人，對他們毫無印象。突然戰爭光臨，形狀特殊的洋兵來了，一陣混亂之後，洋兵撤走，洋人又到。新奇的事物一天天出現，最初感到驚異，習而久之，也就安之若素，毫無所謂了。朝廷方面，在戰敗之初，大受刺激，鬧哄哄地檢討批評，一兩年後，事過境遷，誰也不願再提起這一樁不愉快的事情，何況「萬年和約」已經簽訂，天下無事，何必庸人自擾！

這種平靜無波的現象，終於在南京條約訂立後八年，被一個廣東花縣人所打破。

在沒有敍述洪秀全等人在中國掀起絕大狂瀾的史事以前，讓我們對當時大清帝國的實際情況作一鳥瞰。

高宗（乾隆）時期爲清代由盛轉衰的樞紐。就政治言，晚年寵信嗜財成性的和珅，和珅專政二十餘年的結果，全國大小官吏都養成貪黷、矇騙、鑽營、敷衍等風氣，吏治腐敗，達於極點。仁宗

（嘉慶）雖將和珅殺掉，但風尙已成，積習已深，以後雖想整飭，已無能爲力。就財政言，高宗承祖宗餘蔭，恃其國庫充實，揮霍無度，軍費與屢次巡幸的耗費，已屬不貲。更增軍額六萬餘名，財政負擔加重，此後仁宗、宣宗兩朝，都因軍額增加的緣故，重受其累，國庫永遠淪於匱乏的境地。就軍事言，清開國後三四十年，旗兵卽因生活安樂，失去其原始獷野之氣。三藩之亂時，證明旗兵已無戰鬪力，故平定三藩便以綠營（漢人所組成，旗爲綠色，故名）之功最著。到高宗時，綠營又已腐敗，軍官豪侈，一味尅扣軍餉，虛報名額，軍紀廢弛，訓練全無。一旦有事，旗兵綠營不但不能平亂，反因其紀律敗壞而促使變亂擴大。所以到高宗中葉，清室已露衰象，各地時有「官逼民反」的事發生。除掉吏治、財政、軍事的因素外，構成清代衰亂的原因還有人口增加的問題。按清世祖（順治）八年（一六五一）全國人口統計僅一千零六十萬人，五十年後爲二千萬人，再一百年後（嘉慶八年，一八〇三）的統計，全國人口已逾三億之數。百餘年間，人口激增達三十倍以上，而耕地糧食增加有限，一般人的生活程度普遍降低，社會上游手好閒之徒日多，其平時不務正業，或淪爲盜匪，一遇災歉，自然呼嘯而集，釀成變亂。

大規模的變亂在高宗晚年便已爆發。乾隆四十六年有甘肅馬明心的回亂，雖迅速平定，但西北從此多事。乾隆六十年有川、湘、黔三省苗疆的變亂，調動鄰近七省的軍隊圍攻，亦不能完全平定。直到傅鼐實行訓練鄉勇，建立碉堡，實行屯田等辦法，苗亂始平，前後已歷時十年。苗亂發生後一年，有白蓮教之亂。蔓延川、鄂、湘、陝、豫各省，歷時九年始平。仁宗在位二十五年期中，全國變亂彼起此伏，迄無寧日，單以平定白蓮教而論，靡費餉銀卽達二億兩銀，至於民間連年兵禍所受損失，更無法估計。宣宗嗣位後，很明白他所統治的帝國，已經險象叢生，隨時有發爲鉅變的可能，頗知兢兢業業，以求保持現狀。不意白銀漏巵與鴉片流毒問題，又引起鴉片戰爭。英國這一擊，竟打在一位患了虛癆病的人身上，雖然沒有馬上一命嗚呼，但無論如何不能避免百病齊發了。

太平天國便是原本潛伏在大清帝國身體內的暗疾，受了外傷便迸發出來的險症。

清廷最大的暗疾是滿人乘明末內亂入主中國對漢人橫加屠戮，激起滿漢仇恨。漢人的恢復事業雖然被他們一一鎮壓下去，但宗族間隔閡並不能祛除。明末清初志士所組織的秘密抗清會黨，仍然盛行於下層社會，雖積久之後，參加秘密會黨的人並不一定都符合創始者的要求，雖不一定都能了解創始者的苦心，惟若經人提示，仍能掀起漢人的反清意識。這類秘密會黨中，以天地會（又稱三合會或稱洪門）的反清意識最強烈，白蓮教的勢力最壯大。自滿清入關到仁宗一百六七十年間，民間會黨起事，多自稱姓朱，爲明室後裔。足見這個口號之能動人心弦，凝聚羣衆。清室最忌怕的，也是惟恐有人挑起種族舊恨。鴉片戰爭期中，主和的多爲滿人，自然是對國內情勢深思熟籌過一番的。但是大勢所趨，誰也無力遏止這一場不可避免的災難。

第二節　金田村的英雄

洪秀全原名仁坤，廣東花縣人（距廣州七十里），生於嘉慶十八年（一八一三）。世代務農，生活很貧苦。但資質聰慧，深得父母鍾愛，七歲入私塾讀書，六七年間已能熟誦四書五經，甚得塾師及親友的讚許，認爲他一定可以取青紫如拾芥。他自已也頗自負，相信一定可以由秀才而舉人，而進士，青雲直上。不幸他屢次到廣州去應試（前後共四次），都名落孫山，連一個秀才都考不上，其失望與怨恨的心情是不難推想到的。到他二十四歲時第三次考試失敗，歸家竟大病四十日。病中時有幻夢，夢見乘高車駟馬走入宮闕，被人用水洗濯身體，被一老翁剖胸易其心臟。老翁賜以寶刀金印，命其下凡鋤奸。醒來以後，自以爲已受天命，將有九五之尊，遂改名秀全，並吟詩明志。詩曰：

手持三尺定山河　四海爲家共飯和
擒盡妖穴投地網　收殘奸宄落天落
東西南北敦皇極　日月星辰奏凱歌
虎嘯龍吟光世界　太平一統樂如何

一個極端失意的青年，在病中發高燒而生幻覺，是近代精神分析學家可以解釋的，但洪秀全病好以後，却多少對病中之夢信以爲眞。他隱然以眞命天子自居，言語行動都不覺有了改變。大病之後六年，他再到廣州應試仍然失敗，那時正値鴉片戰爭後一年，廣州人排外仇官氣焰高張的時候，他也受了這種風氣的感染，於是將功名失意的憤恨，轉移到仇視外人，輕視滿淸官吏，惟「獨恨中國無人」，六年前的幻夢自然重新憶起了。

第四次應試失敗歸來的洪秀全，仍在村中作塾師糊口，偶然在舊書箱中發現八年前在廣州街頭遇見一位傳敎士送給他的「勸世良言」，一讀之後，恍然大悟，便將他大病中所得幻象與勸世良言中所述基督敎義附會起來。認定夢中的老翁便是上帝，上帝有兩個兒子，長子耶穌是「天兄」（還有「天媽」、「天嫂」），他自己是次子。於是便創立「上帝會」，自施洗禮，毁家中偶像與塾中孔子牌位，並向人宣傳他的敎義。洪秀全有了這種言行自不能再作塾師，祇得偕同最先入會的同鄉馮雲山到廣西去另謀發展。大概就在這段期間，他們便已決定利用上帝會密謀組織，企圖作「太平一統樂如何」的事業了。

兩人先到廣西貴縣傳敎（道光二十四年），不久洪秀全因食宿發生問題，遄返故鄉花縣。馮雲山則往桂平縣，聽說縣境紫金山山深路僻，居民知識淺陋，官府亦不甚注意深山僻壤中的事務，便決心不辭一切勞苦，潛入山中傳佈上帝會。因山中難得讀書人，而馮雲山旣是屢考不第的士子，又能刻苦耐勞，深得燒炭工人的敬仰，信徒增至數千人。其中包括燒炭工頭楊秀淸，貧農蕭朝貴，地主韋昌輝、石達開等人。參加上帝會的多是自廣東前來謀生的客家，平日與土著情感不恰，常有械鬪發生，這種情勢，自足以增加上帝會信徒的團結。這一段時期，洪秀全多在廣東傳教，盡力設法結納其他秘密會黨。各秘密會黨在反抗滿清這一點上與洪秀全是一致的，但對上帝會的教義組織，却不能相容，所以洪秀全聯絡三合會入夥的目的，並不如理想。

自馮雲山入紫金山傳教五年之後，上帝會的聲勢已相當浩大。適値廣西迭年凶歉，盜賊如毛，巡撫鄭祖琛年邁昏庸，社會秩序紊亂已極。洪、馮以機不可失，乃於道光三十年（一八五〇）六月下令各地上帝會信徒尅日到桂平縣金田村集合，他們選擇這個地方起義，是因爲「金田這個地方，沃野平疇，農產豐富，足供大軍糧食。東出江口不過三十里，便是潯江，乃上下游的中站，交通便利。且東接鵬化，西連紫金，綿亘百里，人少村疏，山深路僻，惟土人熟識，太平軍從此起義，固進可以戰，退可以守者。」是年十二月，各地信徒已會集，遂高擧「太平天國」的旗幟，布告遠近，聲討滿清。

這個時候的廣西，「羣盜如毛，散則爲民，聚則爲寇，形迹既不可辨，黨類幾不勝窮。」據清廷所派督辦廣西變亂的大員們估計，連洪秀全在內，有大股會匪九支，人數自千人至七八千不等，其中以洪秀全「一大股最爲猖獗，其人衆萬餘，心力頗齊，非諸匪之比。」次年（文宗咸豐元年，一八五一）九月，太平軍棄其根據地，北向攻陷永安（今廣西蒙山縣），陷永安後洪秀全自稱天王，封楊秀清爲東王，蕭朝貴爲西王，馮雲山爲南王，韋昌輝爲北王，石達開爲翼王。清欽差大臣賽尙阿以兵力分散，決定暫時置其他各會匪於不顧，集中全力進攻太平軍。太平軍受此重大壓力，祗得改變戰略，銳意北竄。

咸豐二年（一八五二）四月，太平軍自永安突圍，直逼桂林，清將向榮先期率兵入守，太平軍圍攻三十日，不克。

六月，太平軍陷全州，此役馮雲山爲江忠源所率湖南團練炮擊陣亡。自後洪秀全乃沿湘水北上，各地聞風附入者衆，聲勢壯大，勢如破竹。

九月，蕭朝貴攻長沙，戰死。洪秀全謀復仇，全力圍長沙，湖南巡撫張亮基任「熟悉古今地圖兵法」的舉人左宗棠策劃守城，太平軍圍攻七十日，無功而退。

十二月，太平軍陷岳陽，得吳三桂所遺藏武器，實力大增。旋卽陷漢陽。

咸豐三年（一八五三）元月，陷武昌。

二月，順長江東下，沿江所過重要城鎭，一一盡入太平軍手中。

三月，太平軍入南京，遂定都，改南京爲「天京」。自起兵至陷南京，爲時兩年又三月。自北進至此，僅九個月。

定都南京後，卽遣林鳳祥北伐。林軍自安徽入河南，渡黃河攻入山西，再由山西下河北，直偪天津，距天津數十里之靜海，爲清軍所圍。展戰數千里，費時不過六月（自四月至十月）。林軍被圍後，洪秀全始派李開芳率援軍北上。十月自安慶出發，次年四月（咸豐四年）陷山東臨清。同一時期，林鳳祥已被清軍所消滅。然李軍仍苦戰至一年後，始爲清將僧格林沁所殲。

方太平軍席捲東南半壁，林鳳祥直搗京畿的時候，各地民變蠭起並作，所有秘密會黨，鄉里無賴，莫不嘯集成羣，或聚衆刼掠，橫行一方，攻城略地，稱王封侯，全國無分南北東西，幾乎全部陷於混亂之中。識者都認定滿清政府已經成了風前燭，瓦上霜，其覆亡乃指顧間之事了。然滿清政府終能自搖搖欲墜的形情中穩定下來，其原因有二：一是中國知識份子與鄉村善良農民所組織的反太平軍的武力已經形成，他們直接反對的是太平軍，但間接却救了清室的命。一是太平天國本身發生內訌，重要的人物互相殘殺，元氣大傷，不能再事進取，予清廷以喘息的機會。前一點留待以後再討論。茲先述太平軍的內訌。

咸豐六年（一八五六）太平天國所發生的內訌，種因於太平軍起事以前兩年（一八四八）。是時上帝會信徒四處破壞廟宇，士紳以邪教的罪名控告馮雲山，雲山被捕下獄，秀全逃往廣東謀營救之法。桂平縣令以其宣傳品內不過勸人爲善之言，不願多事，恐激起上帝會信徒變亂，遂判決將馮雲山押解回籍。此時紫金山中上帝會羣龍無首，狡黠的楊秀清突假託上帝附身，代上帝傳言，以維繫會衆。到次年洪秀全與馮雲山重返紫金山時，楊秀清已取得山中會衆的信仰，雖明知楊秀清之詐僞，亦祇得承認既成事實。自後，上帝隨時「下凡」附託在楊秀清身上傳言，傳言之時，天王亦須跪聽。有時「上帝」要懲罰天王，欲加鞭笞（必由羣臣哀求赦免始允）。楊秀清既成爲上帝的代言人，其在上帝會中的地位，遂凌駕他人之上。故永安封王時，楊秀清爲東王，其地位僅次於天王（天王爲萬歲，東王九千歲），爲上帝會吃盡千辛萬苦的馮雲山，反屈居其下。太平軍攻陷永安前由天王自己掌握軍權，陷永安後，秀清獲得軍權，統率全軍，於是楊秀清已成爲太平天國的實際領袖。到定都南京，洪秀全自然祇有避居深宮，與嬪妃爲伍。

定都天京後，馮雲山、蕭朝貴早陣亡，起事諸王中地位最高者僅餘韋昌輝與石達開兩人，而兩王在外作戰，楊秀清可以毫無憚忌，將洪秀全當作傀儡。到咸豐六年（一八五六），楊秀清擊敗清廷的江南大營，南京威脅解除，便要求洪秀全封彼爲「萬歲」，願尊秀全爲「萬萬歲」，換言之，卽是要天王名符其實的居於傀儡地位。洪秀全自不甘心，乃遂密召韋昌輝、石達開以除東王。九月，韋昌輝深夜率兵返南京，以迅捷的手段殺楊秀清及其屬下兩三萬人，太平軍起事時的主要幹部，大部被消滅。

石達開欲阻止此種漫無休止的流血，與韋昌輝失和，韋昌輝反欲一併殺之。石達開乃連夜逃出南京。洪秀全見韋昌輝之專橫不亞於楊秀清，遂與秀清餘黨，合力攻殺韋昌輝，召石達開回南京。達開待人寬厚，頗孚人望，但天王經此禍亂，對任何人均不信任，祇信任其同父異母的兩個兄長，洪仁發與洪仁達。石達開在這兩個「又無才情，又無算計，一味固執」（李秀成供詞）的王兄壓制之下，無法施展其才幹，便率領忠於他的軍隊，私自離開南京，從此獨立發展，與洪秀全斷絕關係。後在四川兵敗被殺。

經此內訌，太平軍遂從本質上由攻勢轉爲守勢。後來雖有李秀成的獨立撑持，也曾攻陷東南若干名城重鎮，但僅屬暫時的，局部的勝利，與初年氣吞河山的情勢已完全兩樣。咸豐十一年（一八六一）以後，清軍加緊進攻，太平軍節節敗退，勢力日蹙。穆宗同治三年（一八六四）春，曾國荃將兵圍南京。六月，洪秀全自殺，七月城破，歷時十五年，擾及十六省，陷城六百餘座的太平天國遂滅。

第三節　洪楊的政治天才

自乾隆中葉後，清代民變迭起，其初起事之聲勢，甚多超過太平軍金田起兵時者，白蓮敎之亂多至擁衆二百萬，然均不如太平軍之能定都城，建制度，與清廷對抗，儼然匹敵之國，原因何在？即以與太平軍同時在廣西興兵的羣雄而論，太平軍之兵力亦並非强於他人，負責進攻太平軍的淸吏對淸廷的報告，並不確實，向朝廷誇張對方的實力，不過是掩飾敗績的方法。光緒十一年（一八八五）湖南巡撫卞寶第說：「粵逆金田起事，初不過二千人，廣西兵額二萬三千，土兵一萬四千，以三萬七千之兵，不足擊二千之賊。」這是事後旁觀者的報導，見諸奏章，當然必有所本。「李秀成供狀」（被俘後的供詞）亦謂太平軍初起時，「有大羊頭、大里魚、羅大綱三人，在大黃江口爲賊，卽入金田投軍。該大羊頭到金田，見拜上帝之人不甚强壯，故未投入。」以大羊頭等小毛賊對其已起事後的勢力，尙且看不上眼，便可說明太平軍之能掀動這一大狂潮，決不是祇靠武力，應該另有原因。

試一審閱分析太平天國留傳到今日的史科，不由不令人驚佩洪秀全、馮雲山、楊秀淸等人在政治，軍事組織各方面的長才，雖然任何人都可以對他們這種天才運用的方向有各種不同的批評，但他們確具有這類長才乃是事實。

洪、馮知道秀才不能起事，能够造反的祇有以農村爲主體的平民。要平民作亂祇有在荒歉時被饑餓所迫纔能驅上梁山，但仍是一盤散沙，最大限度是造成叛亂，不能成大事業。要平民能凝聚一致，形成一種堅强的力量，在中國社會環境之下，惟有靠宗敎。舊有的宗敎組織，洪秀全忖計他不容易取得領導權，何況其中組成的份子過於龐雜，迷信成份過重。而且根據以往的經驗，利用這些宗敎起事的，全都失敗，他們在社會上所留的印象相當惡劣，不能引起人的共鳴。「勸世良言」這一本書爲他解決了困難。於是他襲取基督敎敎義的皮毛，揉雜佛、道以及中國社會傳統的一些迷信，創立了一個嶄新的宗敎——上帝會。他的「三字經」說：

中國初　帝眷顧　同番國　共條路

盤古下　自三代　敬上帝　簡冊載
商有湯　周有文　敬上帝　最慇勤

到秦以後，中國纔誤入岐途，不信上帝。如果中國人能改過，可入天堂，否則罰入十八層地獄。又立有十款條，無非教人敬上帝，孝父母，不作壞事……等事而已。除敬上帝一項而外，其他都與民間平常迷信習俗相似，很容易被人接受。但一般人信仰上帝會亦無裨益於圖大事，所以馮雲山要到紫金山去苦行六年。紫金山多屬貧苦客家的燒炭工人，思想單純而復秉性强項，又因常受土著欺凌，入會之後，信仰堅定，可以團結鞏固。再則以上帝會名義起兵，頗可予人以新鮮的印象，不擔負以往會黨所欠的債務。

然「讀書明白之士」不願參加上帝會，洪秀全便掀起歷史上的種族仇恨來補上帝會之不足，他起兵時布告天下稱：

慨自明季淩夷，滿虜肆逆，乘釁竊入中國，盜竊神器。而當時官兵人民，未能同憤義勇，驅逐出境，掃清羶穢，反致低首下心爲其臣僕。迄今二百餘年，濁亂中國，鉗制民兵，刑禁法維，無所不致，而一切英雄豪傑，莫不爲之制而甘心爲之用，是則令人惡之，痛之，而恨之刺骨者矣。……故滿虜之世仇，在所必報，共奮義怒，殲此醜夷。

又討胡檄文：

滿洲妖魔，悉收中國之美姬爲奴爲妾，三千粉黛，皆爲羯狗所汚，百萬紅顏竟與騷狐同寢。這類激發漢滿仇恨的文告，不勝枚舉，慷慨激昂之處，確能動人心弦。在太平天國初期，曾因此吸收不少抱有「九世怨仇一劍知」心理的知識份子，如像黃畹，錢江之流，是大家所熟知的，甚至左宗棠，據說也曾經到洪秀全那裏去毛遂自薦過一次。太平軍初起兵時，清廷派林則徐赴廣西剿辦，林則徐致書洪秀全招降，洪秀全的回信說：

滿洲人已二百年世襲中國王位矣，抑彼等特異國異民之末裔耳，彼等率其老練之兵，奪吾等之財寶，土地與政府。吾等各村落出租稅由北京派官徵收之，吾等有何罪哉。而猶向吾等駐防軍隊，是豈非不正之甚哉。滿洲非他國人乎，他國人有搜括地方之稅之權利乎？又得任命官吏以虐待人民乎？今也普通之王位，非屬於滿洲人乎？支配之權利，非爲其所獨佔乎？（此文見日人稻葉君山所著清朝全史，係著者自西文譯出。）

以此立論，卽令是林則徐，也很難回答（林奉命後，病死途中）。洪秀全甚至說過：「今朕非他，乃大明太祖之後裔，洪光皇帝之七世孫也。……一爲祖宗復仇，二爲蒼生伐暴。」太平天國揭櫫種族主義的目標，使「讀書明理之士」卽使不投奔到他的旗幟之下，也不會積極起而反對他。後來統兵攻打太平軍的許多功臣名將，也因爲洪秀全提出了這個響亮的口號，常常內咎於心，深恐怕留一個身後的罵名。曾國藩晚年總隱隱約約爲自己辨護，湘軍名將彭玉麟勳業彪炳，但一生不受清廷的官位，王闓運還用洪秀全是明桂王第五子之後裔的讕言，去作詆毀曾國藩的口實。足見這些文章的影響。

進一步，洪、馮等人深知讀書人中，科舉如意者所佔的百分比甚小。他們兩人都有屢試不第的經驗。人們在失意之餘，要另外找出路，在失意之餘也常常會遷怒，遷怒到孔子孟子。所以他要提倡打倒孔孟，讓天下讀孔孟書而不能沾孔孟的光，被擯斥在功名之外的失意文人，得到心理上的滿足。因爲這種反常心理而參加到太平天國的知識份子，爲數不少。最著名的例子如浙江人錢江，他「少時讀書，穎悟冠羣」，惜「屢試不第」，纔用錢捐了一名監生。鴉片戰爭期中，朝廷已決定「主撫」，他獨煽動民衆反對，清吏乃將其監生革掉，並遣戍新疆。後被赦歸，發奮讀書，欲博得一第，仍然失敗。聞太平軍攻抵武昌，「乃投袂而起曰：此吾錐處囊中脫穎而出之時也。」遂投入太平軍，爲洪秀全謀主。又如：

> 何震川，四川象州人，爲諸生不獲雋，恃才積憤，故從賊。胡以晃，桂平人，家素封，就童子試不售，見洪楊籌事，遂深結焉。

這類人物，在太平軍中俯拾皆是，他們都是構成太平天國的中堅份子。

洪秀全等人深知道，宗教所能結聚的平民究竟有限，且必須在既入上帝會之後，始能團結一致，要人人都很迅速變成信徒，勢不可能。所以他們又提出一種極引人入勝的經濟政策，要天下之人

「有田同耕，有飯同食，有衣同穿，有錢同用，無處不均勻，無人不飽煖也。」達到這個理想的辦法是，將土地全部歸公，按田地每年產糧的多寡分爲九等，再將田地分配與平民。「分田照人口，不分男婦，算其家人口多寡，人多則分多，人寡則分寡。雜以九等，如一家六人，分三人好田，分三人醜田，好醜各一半。凡天下田，天下人同耕，此處不足，則遷彼處，彼處不足，則遷此處。凡天下田荒豐相通，此處荒，則移彼豐處以賑此荒處；彼處豐，則移此豐處以賑彼荒處。」分田之後的情形是：

凡天下每一人有妻子女三四口，或五六七八九口，則出一人爲兵，其餘鰥寡孤獨廢疾者免役，皆頒國庫以養。凡設軍以後，人家添多，添多五家，別設一伍長，添多二十六家，別設一兩司馬。每軍每家設一人爲伍卒，有警則首領統率之爲兵，殺敵捕賊；無事則首領統領之爲農，耕田奉上。

二十五家中設國庫一，禮拜堂一，兩司馬居之。凡二十五家中所有婚娶彌月喜事，俱用國庫，但有限式，不得多用一錢。如一家有婚娶彌月喜事，給錢一千，穀一百斤，通天下皆一式。總要用之有節，以備兵荒。凡天下婚姻不論財，二十五家中陶冶木石等匠，俱用伍長及伍卒爲之，農隙治事。凡兩司馬辦其婚娶吉喜等事，總是吉告天父上主皇上帝，一切舊時歪例盡除。其二十五家中童子俱日至禮拜堂，教讀舊遺詔聖書，眞命詔書焉。凡禮拜日，伍長各率男婦至禮拜堂，分別男行女行，講聽道理頌讚，祭奠天父上主皇上帝焉。凡二十五家中力耕者有賞，惰農者有罰，爭訟則兩造俱訴於兩司馬，不服判決時，更訴之於卒長，並得以次及於諸上司，獄訟達於軍帥時，由軍帥會同典執法判決之。

這是所謂「天朝田畝制度」的要點。仔細分析其內容，我們可以發現：

（一）農民的收入，全部繳入「國庫」。由政府負擔其生活費用，家有喜事，政府額外供給，但不管喪事。

（二）五家設一「伍長」，二十五家設一「兩司馬。」純粹農民不得充任伍長，亦不得兼營其他工藝之事。

（三）凡是兵卒，均由農人充當，實行征兵制，大約是三丁抽一，五丁抽二的標準。

（四）兩司馬的權力最大，集軍事、司法、教育、宗教、財政等大權於一身。兩司馬由上級委派。

（五）無論男女老幼強迫相信上帝會。兒童的教育由宗教包辦，思想統制得非常澈底。但當時一般平民，在飽受饑饉的苦痛之下，一聽到「無人不飽煖」的口號，不由得不翕然而景從。

太平軍以兩千人起兵，能造成如此壯大的局面，不能不歸功於他們所揭櫫的目標既能吸引各階層人士紛紛參加他們的集團，又響亮動聽引人入勝，獲得多數人的擁護。這是他們異於淸代其他民變的地方，也是他們受後世人特別重視的原因。

僅靠政治策略也不能成功，太平軍勃興時的勢如破竹，以及能延國祚十五年，與他們的軍事政策也有關係。

太平軍是一支有信仰的軍隊，他們的信仰是上帝會，軍隊一休息下來，便要「講道理」，卽宣傳上帝會。在陷永安以前，洪、楊還宣稱凡信上帝者，刀槍不入，卽是戰死，也可昇「天堂」享福，所以太平軍作戰勇往直前，毫不退縮。武昌城爲清軍所破時，太平天國的「兒童軍」數百人，一一投水自殺，無人投降。南京城破，太平軍除拼命血戰而死者外，餘多自殺，據曾國荃的報告，「大小酋目約有三千餘名，死於亂軍中者居半，死於城河溝渠及自焚者居半」，此外「悍賊」被殲十餘萬人，這種不屈不撓的精神，都與他們的宗教信仰有關。

太平天國的軍事制度（大概是楊秀淸所訂），井井有條，淸軍亦承認「蔓延數省，未見窮蹙，所恃無他」，惟軍制而已。其實豈止軍制，軍紀亦極嚴厲。凡行軍所得金寶玉帛，一切財貨，均不許私藏，一律繳歸「聖庫」，違者死刑。這個辦法，可以積極防止軍隊騷擾民間，因軍隊既不得有私產，無形之中不熱心於擄掠，這是當時民間歡迎太平軍，民謠說「賊來如梳，兵至如篦」的主要原因。再則可防軍隊逃散或貪生怕死，腰纏財貨的官兵，不是怕死，便是要飽而思颺。太平軍對奸淫的懲罰亦極嚴厲，犯者斬首示衆無赦。故終太平天國之世，就一般而論，其軍紀均較清兵爲佳。太平軍初起兵時，便設有「女營」，凡會衆的眷屬，一體編入女營隨大軍行走。此後沿路所過之地，「無論老弱强壯，皆迫爲聖兵，無論金銀衣服皆擄入聖庫，又分男女爲二館，名曰男營女營。」這種將人家庭分散的辦法，當然怨聲載道，所以楊秀清要誥諭道：「在爾等民人以爲蕩我家資，離我骨肉，財物爲之一空，妻孥爲之盡散，嗟怨之聲，至今未息。爾等不知古往今來更換朝代，凡屬興師問罪者，當城破之日，無不斬殺殆盡，玉石俱焚，流血成渠，不留雞犬，有似我天朝不妄殺一人，猶給與衣食，視同一體者乎？」太平軍對這些婦女並非憑空「給以衣食」，是有作用的：（一）因家屬隨軍在後衣食有着，故官兵在前線作戰，無後顧之憂。（二）官兵作戰時勇往直前，如果敗潰，其家屬亦必蒙災禍。（三）無論是自願參加或裹脅而附和太平軍的人，因家眷在女營，等於人質，不敢逃亡。（四）女營婦女亦分派有工作，粗壯的婦女須作肩米、開溝、收割、送信等工作，必要時還可作後衛，甚至上陣作戰。體質孱弱的則派入繡錦營或做其他輕巧的工作。

從上所述，我們便可瞭解太平軍的勃興，並不是偶然的。至於一般所謂滿清的政治腐敗，民生疾苦、軍隊腐化、凶歉連年、將帥失和……等等，是歷代衰亂時的共通現象。就滿清而論，自乾隆中衰以來，大清帝國的實情便是如此，然而就祇有太平軍聲勢浩大，動搖清廷國本，究其原因，決不似一般所論那樣單純。

第四節　太平軍革命的性質

因爲太平軍所揭櫫的政策是多方面的，所以後世對太平軍的討論，也就各執一詞，衆說紛紜，因之對太平軍的毀譽相差懸殊。不祇是一般人被各種說法弄得頭昏腦脹，就是研究歷史，研究中國近代史的人士，對太平軍的批判，也是聚訟多年，糾纏不清。所以我們要想對影響近代中國非常深鉅的太平天國作一較爲冷靜持平的批判，並不容易。不過，我們若能明白一個要點，即太平軍諸領袖不僅有政略，而且懂得如何運用政略。先有了這一點認識，問題就要簡單得多了。

最容易爲大家所接受的理論是太平軍乃是漢人反抗滿清政權的革命運動，洪、楊是種族革命的先驅，是民族英雄。這種看法，從太平軍起事到滅亡，便一直潛伏在人的心底，到清末革命運動與起後，遂大爲流行，直到現在，持這種說法的人士，仍不在少數。

太平軍提出種族意識，以作爲興軍的理由，是事實；但是洪、楊在本質上並不是種族主義者，倡言打倒滿清祇是爲了宣傳，也是事實。何以說呢？其理由如後：

（一）太平軍在紫金山潛伏時期的一切宣傳活動，都祇有上帝會，絲毫未涉及種族意識。即令是洪、馮、楊等最高級領袖有與漢排滿的思想，但僅暗藏在心頭，並未發露，故太平軍各層人士的確沒有受到種族意識的感染；因此他們得到動員令到金田村起事，不是爲了報復一百餘年前的種族仇隙；他們捨死忘身拼命的原動力可以說與種族主義無關。

（二）既起事之後，他們所發布的文告纔揭櫫興漢排滿的目標。但我們試審閱中外所蒐存太平天國史料（在國外的以倫敦大英博物館與巴黎東方語文學校所收藏者爲豐），凡屬涉及種族意識，揭露歷史仇恨的官方文件，都是文言文；凡是宣傳上帝會的文件，都是相當通俗的白話文。文言文是給士大夫階級讀的，種族主義祗向知識份子宣傳；白話文是給一般羣衆讀的，向羣衆祗談宗教。這很顯明表示所謂種族主義也者，僅僅是號召知識份子加入他們的陣營的策略。

（三）太平軍初起時確有下令殺滿人的事，這頗與旗兵抵抗較堅强有關。一二年後，便也無所謂滿漢了。洪秀全貶直隸（今河北）爲「罪隸」，燕北爲「妖穴」，稱曾國藩爲「曾妖」，是卽凡反對太平軍者均一視同仁，無所軒輊。至內訌後撐持大局的李秀成，心中更無所謂種族仇恨，他對滿人亦一體保護。前面所引洪秀全答林則徐書，固曾强調種族怨仇；石達開（起事前便是參與機密的人物）答曾國藩書，擧歷代平民起事亦可成帝業，證明「豈草茅下士，遂不足以圖大事哉」，亦責曾國藩以春秋夷狄之義，不過林、曾都是標準士大夫。

（四）在紫金山時期，上帝會的信徒多爲客家人，洪、楊則利用地區觀念，使會衆團結一致，與土著的團體對抗，互相械鬭（李秀成還提到洪秀全祗重用廣東人而輕廣西人的話），土著自然是漢人。上帝會初起時利用客、土仇視以形成武力，到正式起兵，要打倒的當然是北京的皇帝，皇帝是滿人，所以要排滿；他們的仇視土著，與乎宣傳排滿，其動機與目的，都如出一轍。

根據右列四項理由，證明太平軍中的所謂種族主義，旣無普遍的熱情，亦無始終一貫的事實表現，祇有許多響亮動人的宣傳品。不過，他們那些排滿的宣傳品，却貽後世以極深刻的影響。後來中國國勢凌夷，民族危亡，滿淸政府自是負極大的責任，若干志士聽到洪秀全抗淸的故事，自然會油然而生仰慕之忱，因此激發起革命的雄心。這不過是太平天國對後世所產生的影響。任何一樁行爲的動機都極其複雜，它所產生的影響也是多方面的，把動機與影響混爲一談，對於了解歷史的眞相是極有妨碍的。

認定太平天國是社會經濟的革命運動者，亦頗不乏人。關於太平天國所頒「天朝田畝制度」的內容，我們已有分析。姑無論制度的價值如何，最重要的是太平天國根本沒有實行所謂「國庫」制度。太平軍奠都南京之後，楊秀淸、韋昌輝、石達開等人曾聯名向天王請求道：

弟等細思安徽、江西米糧廣有，宜令鎭守佐將在彼曉諭良民，照舊交糧納稅。如蒙恩准，弟等卽頒行諸諭。」

楊秀淸等人「細思」之後，仍然祇有「照舊交糧納稅」，洪秀全的答覆是「御照胞弟所議是也，卽遣將佐施行。」足證他們並沒有實施那個所謂「均田制」。淸軍方面對於這方面的報導，可自張德堅所編「賊情彙纂」看出：

鄉民因承平日久，罕見兵革，賊至遷避一空，任賊擄刼，此壬子、癸丑冬（一八五二—五三）情形。

嗣賊蹂躪沿江，往來絡繹，習見不怪。故於每村鎮各舉數耆老，設一公所，賊至悉使（卽抽稅之人），耆老週旋其間哀告貧苦，輸納錢數百千，求免窮搜。賊去則按畝而攤之，此科派之始也。

最可異者，賊每以豁免三年錢糧惑我商民。逮刼擄既盡，設立鄉官之後，則又出示曰：「天下農民米穀，商賈資本，皆天父所有，全應解歸聖庫，大口歲給一石，小口五斗，以爲口食」而已。此示一出，被惑鄉民方如夢覺，然此令已無人理，究不能行。遂下科派之令，稽查所設鄉官一軍之地，共有田畝若干，以種一石終歲責交一千文，米三石六斗核算，註於籍冊，布僞州縣監軍處備查。

太平軍在初期漫無標準之搜括後，始公布均田，但「已無人理」，故楊秀淸等「細思」之後，「遂下科派之令。」

太平天國並未實行「土地改革」尙有三事可資證明：（一）太平軍所攻克的地方雖不少，但並無固定疆域，許多地方都是旋得卽失，事實上無法實行。（二）實行「天朝田畝制度」，必須大量下級幹部——兩司馬，太平軍的文獻中，找不出曾經訓練，或者遣派過這類幹部到農村去的記載。何況如此重大的改革，一定會遭遇困難，但我們在現存的一切文獻中，絲毫未發現關於這類事的踪跡。（三）留居在太平天國轄區內的中外人士，對於太平天國其他方面的報導，都相當眞實，但沒有提到太平軍「土地改革」的事實。

其實，洪、楊諸人也絕沒有實施這一改革的意志。他們提出這一動人的口號，不過爲了號召貧農，一到行不通，自然放棄了。後世的人，根據紙上的命令，便當作具體的事實，煞有介事的去討論，不過讓洪秀全的陰靈，增加一個笑料。

有人特別重視太平天國的其他社會改革，如禁止買賣婚姻、納妾、蓄婢、娼妓、纏足等惡習，與提倡男女平等的政策，固是值得稱讚的，不過也當採保留態度。洪秀全在永安時，便致少有姬妾三十六人。建都南京後，後宮數目不計其數。其他高級首領，亦大肆廣蓄婢妾。而女營中的婦女則絕對禁止與異姓接觸，甚至兒子看母親，丈夫探妻子亦「只宜在門首問答，相離數武之地，聲音務要響亮。」如果「男有入女館（定都後，女營改爲女館），無問軍民，殺無赦。」所以「雖夫婦同宿，亦認犯姦，治以極刑。」這與天王的後宮佳麗成羣，恰成一對照。

女館中的十餘萬婦女，後來是得到「解放」了，她們解放的情形是這樣：

及賊糧將盡，驅婦女之無色者出城刈稻，實則縱之使行。踰月，又下指配之令，設僞媒官司其事，凡男女年十五以上皆報名，高格者（官階高者）配至十餘人，以次遞減。

「無色」的還有機會逃命，有色的留下分配。分配的方法，是抽籤決定，所以「有老父得女妻，童子獲鶴母者。……貞節婦女自裁者數千餘輩，女館遂空。」這種提倡男女平等法，眞是不知所云。太平軍的社會改革中，有的祇是爲了行軍和作工方便，如下令禁止婦女纏足便是。祇有禁吸鴉片、禁賭博、禁飲酒等項，頗値一提。

有少數人因見太平天國主張打倒孔孟，而認爲洪、楊等人是文化革命的先驅。洪秀全說起事前夢中見孔子被上帝申斥，被「縛綑而鞭之」，孔子伏地告饒，上帝以其功過相抵，赦免其罪，仍可在天上享福，惟不准下凡問世。起兵之後，凡經書均稱爲「妖書」，禁止閱讀，凡孔廟均破壞。一切行徑，確是在與打倒孔孟的口號相符。但文化革命並非盲目破壞舊有的文化而已，必須說明舊文化應該被打倒的理由，至少是可以自圓其說的理由。太平軍並沒有發表打倒孔孟的道理，僅是站在上帝會的立場肆行排斥其他一切宗敎的政策。將儒家當作儒敎，孔子看成敎主，與佛、道一體被排斥。太平軍的反孔孟，不是站在文化的觀點，可用他們的言論爲證。洪秀全所作「原道醒世篇」云：

孔伋曰：「天命之謂性」，詩曰：「天生蒸民」，書曰：「天降下民」，昭昭簡編，洵不爽也。此聖人所以天下一家，時廑民吾同胞之懷，而不忍一日忘天下。

這是用儒家「聖人」的話來說明他天下一家的敎義。他甚至承認「孔丘服敎三千，乃以正化不正。」石達開在浙江時的「招賢榜」，竟責備滿清：

遂爾竊據我土地，毀亂我冠裳，改易我服制，敗壞我倫常。削髮薙額，汚我堯舜禹湯之貌；賣官鬻爵，屈我伊周孔孟之徒。逼堂堂大國之英雄，俯首而拜夷人爲君，合赫赫中原之子女玉帛，腆顏而惟胡虜是貢。爲耻已甚，流禍無窮。

是太平軍亦爲「伊周孔孟之徒」而戰矣。

文化革命最重要的還在能倡導新文化，以代替舊傳統。洪、楊所倡導的僅僅是襲取基督教皮毛，滙合中國民間迷信而成的上帝會，「全國」人民祇許讀基督教的「拜撲經」Holy Bible舊譯「聖經有語病。玆遵「可蘭經」、佛經之成規，音譯之。）稱之爲文化革命，難符史實。太平天國晚年，有孔孟之書不必廢的詔令，當然是有所悟而爲之。

然則太平天國是否宗教革命？洪秀全創立上帝會的動機與經過，前已敍述。當太平軍初期，來華的傳教士與商人確對之抱有極大之期望，以爲此一老大古國已發生基督教所領導的革命運動。及到實地調查之後，明白上帝會與基督教有天淵之別，這種議論纔逐漸消逝。更進一步分析上帝會的內容，發現上帝會根本就不是一個宗教，僅是一種地道的中國民間迷信組織，不要因爲他們提到上帝與拜撲經，便魚目混珠。

凡入上帝會者，先向上帝上「奏章」，章文曰：

小子（小女）△△△跪在地下，眞心悔過，……懇天父皇上帝時賜聖神風，化惡心，永不准妖魔迷。時時看顧，永不准妖魔害。祝福有衣有食，永無災難。

神檯上用紙書「上帝」二字，檯前置明燈盞，及清茶三杯。火化奏章後，以清水一杯灌頂，一杯飲下肚，一杯洗心胸，入會儀式結束。會衆每逢吉凶、建宅、生辰、彌月等事，均具香燭紙錠，及牲醴茶飯，祭寫在紙上的上帝，然後上奏章，無非是請求上帝保佑無災無難等語。教主則帶有三尺「斬怪劍」，可以除妖怪。難怪「讀書明白之士不從」上帝會。洪秀全最先是用以凝集愚民，不想後來竟亦自愚。南京被圍時，城內無糧，他叫軍民吃雜草合成的「甜露」，要每家「呈繳十擔，收入倉中。」李秀成勸他遷都流竄，他說：

朕奏上帝聖旨，天兄耶穌聖旨，下凡作天下萬國獨一眞主，何懼之有？不用爾奏，政事不用爾理。爾欲出外，欲在京，任由於爾，朕鐵桶江山，爾不扶，有人扶。爾說無兵，朕之天兵，多過於水，何懼曾妖（國荃）者乎。

「天兵」沒有到，洪秀全自殺了。如果太平軍要被視爲宗教革命，從東漢黃巾之亂以來，中國歷史上的宗教革命實在多不勝數。

總之，太平天國的勃興，決不止偶然的機運而已，他們的領袖，確有政治與軍事的長才，尤其是他們在政略上的運用，異常成功，眞令人對之有神龍見首不見尾的感覺。但是他們仍然不免於覆亡，其原因如後：

（一）太平軍盛時的聲勢雖然壯大，但是沒有樹立堅強的基礎，他們除掉有幾個據點而外，並沒有佔領廣袤的疆土。

（二）太平軍的領袖雖然賦有政治、軍事方面的天才，但智識究竟有限。平時所耳聞目濡的，不外是三江五湖豪俠之事，一旦平地青雲，便有手足無所措之感。觀太平軍初陷武昌，將各戲院戲子的服裝一律搜去，作爲天王與諸王將相的朝服一事，便可想見他們的知識程度。故一到南京，不用主力北伐，直搗燕幽，反淫逸無度，欲從此安享榮華。再加上諸王爭權奪利，釀成內訌，互相殘殺。內訌後的太平軍，已再無推翻滿清政府的可能，祇有苟延時日了。

（三）太平軍勃興之初，各國均寄與莫大的期望，以爲此新興的勢力，將推翻頑固保守的滿清政府，並改善其對外關係。咸豐三年（一八五三）四月，太平軍入南京後一月，英國駐上海官員即派人赴南京，致書天王聲明對戰爭採取中立態度。楊秀清代表天王答書稱：

（天父天兄）助我天王成萬國眞主以來，六年於玆矣（從道光二十八年算起）。爾遠人願爲藩屬，天王歡樂，天父天兄亦歡樂。既忠心歸順，是以降旨爾頭人及衆兄弟，可隨意來天京，或效力，或通商，出入城門，均不禁阻，以順天意。另給書數種，欲求眞道，可誦習之矣。

英人接這一封信，滿腔熱望，消去一半。「萬國眞主」的口氣，較清廷還大。惟太平軍不干涉通商，英人亦表滿意。其後美、法各國亦先後遣使至南京，所得結果大致與英人相同，於是太平軍漸失國際同情。同年十月，小刀會起事於上海縣城，燒殺洋掠，無所不爲，外人目覩其行徑，對太平軍的印象逐日趨惡劣（按小刀會與太平軍完全無關，因自稱屬於太平軍，外人不察，故爾）。此後，凡太平軍接近上海、寧波等商埠時，各國卽出面干涉，故太平軍始終不能攻陷滿清財源所在地上海。迨咸豐十年（一八六〇）北京條約訂立，英、法等國對滿清政府的要求，已一一達到，遂轉而幫助清廷，敉平變亂，以利通商。於是「常勝軍」成立，太平軍又多一勁敵。倘若洪、楊能於定都南京後，立卽揮兵東向，攻陷上海保有東南財富之區，並與各國建立外交關係，吸收西洋軍事技術，採購新式武器，則究竟鹿死誰手，尚未可逆料。

（四）太平天國諸領袖對中國文化傳統與社會背景的認識不清，祇知道利用上帝會以凝聚羣衆。其不祀祖先的教條，破壞廟宇的行動，均足激起民衆普遍的反感，何況打倒孔孟，崇奉「夷人」的上帝，更引起絕對大多數知識份子的反感，成爲太平軍的死敵。促使太平天國覆亡的主力湘軍，便是中國知識份子爲了捍衛中華文化，鄉村善良農民爲了保持傳統社會習俗，所滙合而成的一股力量。

第五節　捻軍與回軍

太平天國雖亡，清代的禍亂却沒有結束。與太平軍先後起而反抗滿清統治的叛亂尚有多處：

（一）捻軍　在黃河流域數省一帶鄉村，有一種民間的迷信組合，稱之爲捻。「捻」的起源很久，詳情已不可考。其初興，本是專門捻紙塗油玩龍燈，以爲鄉民禳疫去災而有的結合。玩龍燈的人，照例要向一般人捐募油紙捻的費用，這些人多半是平素遊手好閒，不事生產的無賴子。最初向人捐募時尙能遵守一定規矩，在政治不上軌道時，他們便開始爲非作歹，强迫勒索，成爲一種類似土匪的集團。嘉慶時曾下令嚴禁，但無效果。及太平軍崛起，清廷爲預防變亂，搜捕加嚴，於是河南、安徽一帶的捻黨便起而作亂。清廷派軍進剿，不能敉平。因爲捻軍飄忽不定，鄉民又畏之如虎狼，不敢協助官軍，恐怕捻黨再來報復。且其領袖如苗沛霖、張樂行等人，與太平軍互通聲氣，聲勢遂形浩大。清廷命勝保率騎兵往剿，大敗而歸，馬匹損失甚多。捻軍得良馬之後，如虎添翼，往來縱橫河南、安徽、山東數省，官軍莫敢攖其鋒。清廷命僧格林沁率蒙古騎兵往剿，苗沛霖授撫，張樂行被捕殺。然不久苗沛霖再叛，張樂行的餘衆由其姪張總愚代領與石達開部屬結合，攻入陝西。

次年（一八六五），僧格林沁追擊捻黨中伏死，清廷乃命曾國藩專負剿捻責任，曾國藩用阻水築牆堅壁清野的辦法，以蹙捻勢。但朝廷欲其速奏功效，迭次催促出兵，曾國藩乃以疾辭，另薦李鴻章負責。李鴻章仍墨守曾國藩所訂戰略戰術，於同治七年（一八六八）將捻亂平定。捻亂波及江蘇、安徽、山東、山西、河南、河北、湖北、陝西等八省，前後達十六年，以黃淮流域各省所受戰禍最慘烈。

（二）回軍　我國西北及雲南等地漢回雜居已久，大致自唐代以來便是如此。回民因所崇奉宗敎不同，團結力堅强，且習俗有扞格，故常與不奉回敎的人發生齟齬，漢、回情感日趨惡劣，時有械鬪發生。而地方官吏一味以屠殺爲鎭壓之手段，於是回民便時思叛變。

雲南自道光二十五年（一八四五）以來，便有回亂。道光二十七年，林則徐任雲貴總督，抱定「祇問良莠，不問漢、回」的態度處置雲南漢、回糾紛。惜雙方積恨甚深，互相大規模焚殺之勢已成。兩年後，林則徐告病回籍，次年，太平軍崛起，清廷自顧不暇，雲南漢、回衝突遂任其自然發展。咸豐五年（一八五五），回民馬新德率衆進攻昆明不克，旋卽受撫改名馬如龍。回首杜文秀佔領滇西大理一帶，自稱元帥，聲勢壯大。同治七年（一八六八）清廷任岑毓英爲雲南巡撫，與杜文秀力戰五載，滇亂始平（一八七三）。

陝甘回民自滿清入關以來，卽時有變亂發生。同治元年（一八六二），陝西回民因細故釀成大亂，回、漢互相屠殺焚燒，全省陷入混亂之中。適太平軍舊部陳得才與捻黨張總愚攻入陝西，甘肅回民亦乘機響應，攻佔城鎭，戕殺官吏，屠戮漢人。新疆回民聞變，亦紛紛起兵，於是整個西北疆，全部騷動，無論回民漢民，俱生活於水深火熱的災禍中。直到太平軍消滅，清廷始命左宗棠率領湘軍赴陝西，統籌平回事宜。同治九年（一八七〇）陝回解體，越三年，甘肅回亂敉平。然新疆回民阿古柏仍據天山南路稱王，且與英、俄各國訂立通商條約，儼然一獨立國，勢力雄厚。清廷不敢貿然勢師遠征，惟左宗棠力主乘勢澈底解決。經過一番激烈辯論後，至德宗光緒元年（一八七五），始命左宗棠督辦新疆軍務。三年後，阿古柏兵敗自殺（一八七八），西北回亂全定。（關於左宗棠剿平新疆回亂的事，參看第七章第二節。）

（三）苗亂　貴州苗民自雍正時行「改土歸流」政策以來，由於受漢民欺凌與官吏之殘暴，故叛服無常。方雲南回亂大熾時（一八五五），黔苗亦起而作亂，四出刼掠。清廷固無力兼顧，地方官亦束手無策，祇得任其蔓延。至同治二年（一八六三），貴州全省除省會貴陽外，已全部爲苗民攻陷。直到同治十一年（一八七二）全省秩序始恢復，禍變前後達十八年。

從道光三十年起，到同治十二年止（一八五〇—七三），二十四年之間，全國本部十八省中，無一處不遭受戰爭的災難。這個長期的，大規模的禍亂，表面上雖然是由太平軍肇其端，但實際上，乃是腐朽了的大清帝國，再遭受鴉片戰爭的外傷後，所不可避免的結果。經此一場天翻地覆的大騷動、大屠殺、大破壞，無論在政治上、經濟上、社會上、思想上、外交上都有了極劇烈的時變；許多陳舊的事物，逐漸被淘汰，逐漸起變化，逐漸消逝；許多新的事物，也慢慢地開始出現。東方古老的大帝國以及它繼續發展了四千餘年的文化，經此沉重的一擊，已經支撐不住了。

在這種情勢下，第一個起而領導創造新局面的，就是曾國藩和他的「湘軍」。

本章主要參考書

程演生：太平天國史料。自巴黎東方語言學校抄回，計十種。

蕭一山：太平天國叢書，第一集。自大英博物館抄回。二十二種。

王重民：太平天國官書新編。自劍橋大學圖書館抄回。

謝興堯：太平天國叢書十三種。

劉復：太平天國有趣文件十六種。自大英博物館抄回。以上五書，係蒐集海內外所藏太平軍史料，乃研究太平軍歷史所不可忽視者。

張德堅：賊情彙纂。著者乃曾國藩屬吏，惟所記事，止於咸豐四年（一八五四）。

凌善清：太平野史。據張書增補而成，簡明有趣，可讀。

李圭：金陵兵事彙略。

王韜：甕牖餘談。

李秀成供狀。為研究太平軍重要史料，原供雖為曾國藩所刪，據得覩眞本之羅爾綱稱，曾所刪者無關大體。

羅爾綱：天地會文獻錄

剿平粵匪方略。 官書

簡又文：太平天國金田首義史。明晰可讀。

羅爾綱：金田起義前洪秀全年譜

太平天國史考叢

太平天國史考證集

謝興堯：太平天國史事論叢。

黃式權：鋤金書舍零墨。

王志文譯，李令（S. Nearing）著：中國革命，

林利（Lin-Le）：太平天國。清朝全史附有節譯。

C. L. Brine: Taiping Rebellions in China

W. J. Hail: Taiping Rebellions.

第五章　漢人勢力的復甦

第一節　曾　國　藩

平定太平軍的主力是湘軍，湘軍的手創人是一個湖南湘鄉的農家子曾國藩。

曾國藩的先世定居在湘鄉白楊坪（原住衡陽淸初遷此）已達百餘年，一直過着簡樸勤勉的農村生活。他的祖父曾玉屛是一個頗有抱負的農夫，因幼年失學，讀書不多，羨慕讀書人。一到略有積蓄，便督促他的長子曾麟書努力求學，想博得一份功名。不意曾麟書時運不濟，一連考了十七次，到四十三歲纔「補縣學生員」（秀才），一番雄心，祇得放棄。便在家奉侍父母，敎育兒子，將他的希望全部寄託在後一代身上。他一共有五個兒子，長子便是曾國藩。

曾國藩在祖父極嚴格的家敎，與父親敎導之下，渡過他的童年時期。這一段生活，對他後來的學術文章，功名勳業，立身處世都有極大的影響。曾玉屛雖然讀書很少，但却有恂恂儒者的風度，極重禮法。他曾經集資爲曾家建立祠堂，以便致祭。並告誡子孫「後世雖貧，禮不可隳，子孫雖愚，家祭不可簡。」對於「巫醫、僧徒、堪輿、星命之流，則屛斥之，惟恐不遠。」曾麟書是一位時乖命蹇的飽學秀才，在鄉下設塾敎學，曾國藩八歲時便跟隨父親讀書。父親對他「晨夕講授，指晝耳提，不達再詔之，已乃三覆之。或擶之途，或呼諸枕，重叩其所宿惑者，必通澈乃已。」在這種嚴厲的監督下，曾國藩自較一般兒童的基礎堅實。

曾國藩二十歲時，纔離開父親入書院肄業。二十三歲入學，次年中舉，二十八歲入京會試，中進士，被選爲翰林院庶吉士。翰林院是清代用以蓄材養望的機關，極爲清貴。他自入翰苑，便得與當時大儒往來請益，於是眼界大開，得從三家村學究八股文的境界，脫穎而出，進窺學術思想的門徑。從此開始，直到咸豐二年丁母憂回籍，十三年中（一八三九——一八五二），除道光二十三年赴四川充正考官外，均在北京供職。他最初致力於歷史，求經世致用之學，兼治詩古文詞。兩年後，當時的理學大家唐鑑服官到北京，國藩乃從之問道，始探究義理之學，重視修己治人之道。是年，寫信給其弟稱：

> 君子之立志也，有民胞物與之量，有內聖外王之業；而後方不忝於父母之生，不愧爲天地之完人。

說這些話時，他已經有澄清天下的抱負了。從此，他開始自訂「日課」、「月課」，並記日記以檢討自己進德修業的工作。同時，他又交遊一些志同道合的益友，互相砥礪學行。他的朋友如：

> 吳竹如（廷棟）格物工夫頗深，一事一物，皆求其理。倭艮峰（仁）先生則誠意工夫極嚴，每日有日課冊，一日之中，一念之差，一事之失，一言一默，皆筆之於書。書皆楷字，三月則

訂一本。自乙未（一八三五）年起，今（一八四二）三十本矣。蓋其愼獨之嚴，雖妄念偶動，必即時克制而著之書。故所讀之書，句句皆切身要藥。

他自己立有十二條生活規律：「一曰主敬，二曰靜坐，三曰早起，四曰讀書不二，五曰讀史，六曰謹言，七曰養氣，八曰保身，九曰知所言，十曰月無忘所能，十一曰作字，十二曰夜不出門。」當他犯了這些條規時，便在日記上，用「可恥」、「盜名欺世」、「眞禽獸矣」、「浮燥」……等字句，痛自貶責。這種繩檢自身進德修業，不稍掩飾的精神，是他能成大業的主要原因之一。經過這樣苦修十餘年，曾國藩不僅已進窺學術堂奧，且能合經世、考覈、義理於一紐，爲學術思想界闢一新天地。

道光二十七年，曾國藩已官至侍郎，不久即身兼數差，然他對於官場「頗厭其繁俗，而無補於國民生計」，很想退休，「以行吾素」。他的志向是「其大者蓋欲行仁義於天下，使凡物各得其分。其小者則欲寡過於身，行道於妻子；立不悖之言，以垂教於宗族鄉黨。」他既不熱中仕途，更不能期望滿淸政府能「行仁義於天下」，自然會想擺脫政治生涯，「立不悖之言，以垂教於宗族鄉黨」了。但是，他的父母尙健在，兄弟都沒有成立，素來極端孝順的他，祇有在「諸弟稍有進步，家中略有仰事之資」時，再談「歸養」了。他對他的弟弟作這種消極的表示後不過兩個月，宣宗逝世，文宗嗣位，緊接着太平軍崛起金田村。他立刻上書「備陳民間疾苦」，希望皇帝能對天下禍亂作拔本塞源的措施，可惜沒有實效。咸豐二年受命爲江西正考官，途中得母喪消息，丁憂回籍，從此他的生活事業都開始有一個極大的轉變。這一轉變，不祇不僅旁人想不到，連他自己也絕料不到。

第二節　爲保衛文化而戰

方曾國藩奔喪回家之時，正值太平軍圍攻長沙之日。湖南全境騷動，土匪蠭起，橫行無忌，民衆身家性命，全無保障，各地士紳與善良民衆紛紛自動組織團練，以保衛生命財產。是年（一八五二）十二月，清廷命令曾國藩以「在籍侍郎」的身份，辦理湖南全省團練。這是在正規軍抽調一空後，清廷利用民間武力以維持各地治安秩序的辦法。曾國藩最初是拒絕，經不住他的朋友郭嵩燾的敦促，加上他愛鄉土的深情，於是便在不接受政府任何祿位的條件下，「投袂而起」，爲保衛桑梓而工作。

這是軍事，曾國藩可謂完全不懂，他自述道：

國藩於用兵行軍之道，本不素講。而平時訓練，所謂拳經棒法，不尙花法者，尤懵然如菽麥之不辨。

但是他受過經世致用之學的薰陶，早有「內聖外王」的大志，所以毅然「墨經從戎」，抱定「我不能有利於民，但去其害民者而已」的宗旨；從一個舞文弄墨的書生，一變而成爲叱咤風雲的大帥。

害民者是土匪，他辦團練的目的也是治土匪。其他省區，雖有團練，土匪仍然猖獗如故，而且團練的本身，也成爲魚肉善良的勢力。曾國藩辦團練，自有他的辦法。

他將「團」與「練」分開。「團」就是淸查戶口，使宵小不能立足。團又分爲「鄉團」與「族團」兩種。鄉團是按地方區分，負責人是當地善良正直的紳士，或者讀書人；族團是以家族爲單位，以家族中的長輩負責辦理。負責人均須發有「執照」，作爲約束同鄉、同族的憑據。在地方與家族的嚴密監視下，匪類無法立足，不是被檢擧，便是在骨肉的感召下，改過自新。

訓練武事、製造軍械、選擇兵丁是「練」。受訓練的人必須經過嚴格的選擇，由身家淸白、品質善民、身體健壯的農民作練丁。這個辦法的基本原則是「一族之父兄，治一族之子弟；以一方之良民，辦一方之匪類。」

他重視團，因爲團纔是維持治安正本淸源的辦法，用武力的事，是迫不得已爲之。所以「團則遍地皆行，練則擇人而辦」；「鄉間團而不練，城鄉練而不多。」

鄉間原有辦團練的人，自來聲譽不佳，曾國藩爲了矯正這個缺點，故改地保的名稱爲鄉約首事，希望「官帶禮樂之士，亦樂就之」。如此一來，負責的人是「官帶禮樂之士」，所統率的兵，是淳樸的農民。湖南的團練，便與衆不同。尤其重要的，是風氣的轉變：

原湘軍創立之始，由二三儒生被服講道，以忠誠爲天下倡。生徒子弟，日規月摩，漸而化之。於是田井之民，市井之徒，皆知重廉恥，急王事。

湖南團練以這種嶄新姿態出現，大奏功效，土匪歛迹，治安恢復。但他馬上遭受困難，最大的困難是兵勇不合。兵就是正規軍綠營或旗兵，勇就是團練。曾國藩的團練既著成效，但餉糈困難，湖南巡撫張亮基擬設法淘汰靡費糧餉的兵隊。兵營聞之，自不甘心，於是發生兵勇械鬭之事，曾國藩及他部下的名將塔齊布險死於亂兵之中。事後曾國藩率團練離開長沙，變亂始已，但此後兵勇仍然互相仇視不休。

清廷見湖南團練肅清土匪有功而長江下流軍事緊急，迭次下令叫曾國藩率領團練與太平軍作戰，他最初以土匪未全靖爲理由推諉。咸豐四年（一八五四）二月，曾國藩的在長江作戰必不可少的水師練成，有大小戰船二百餘艘，水兵五千人。適太平軍進犯湖南，曾國藩乃率領他所訓練的水陸兩軍萬餘人出發，正式與太平軍作戰。三月，發布了有名的「討賊檄文」，申述何以要與太平軍作戰的理由。這是我們瞭解曾國藩等人內心，與乎太平軍所以會覆亡的一篇重要文獻。文曰：

逆賊洪秀全、楊秀清稱亂以來、於今五年矣！荼毒生靈數百餘萬，蹂躪州縣五千餘里。所過之境，船隻無論大小，人民無論貧富，一概搶掠罄盡，寸草不留。其擄入賊中者，剝取衣服，搜括銀錢，銀滿五兩不獻賊者，即行斬首。男子日給米一合，驅之臨陣向前，驅之築城濬壕。婦女日給米一合，驅之登陴守夜，驅之運米挑煤。婦女有不肯解足者，則立斬其足，以示衆婦。船夫有陰謀逃歸者，則抬其屍，以示衆船。

粵匪自處於安富尊榮，而視我兩湖三江被脅之人曾犬豕牛馬之不若。此其殘忍慘酷，凡有血氣者，未有聞之而不惡憾者也！

自唐虞三代以來，歷世聖人扶持名教，敦叙人倫，君臣、父子、上下、尊卑秩然，如冠履之不可倒置。粵匪竊外夷之緒，崇天主之教，自其僞君僞相，下逮兵卒賤役，皆以兄弟稱之，謂惟天可稱父，此外凡民之父皆兄弟也，凡民之母皆姊妹也。農不能自耕以納賦，謂田皆天主之田也。商不能自賈以取息，謂貨皆天主之貨也。士不能誦孔子之經，而別有所謂耶穌之說，新約之書。舉中國數千年禮義人倫，詩書典則，一旦掃蕩盡。此豈獨我大清之變，乃開闢以來，名敎之奇變，我孔子、孟子之所痛哭於九泉。凡讀書識字者，又焉能袖手旁觀，不思一爲之所也。

自古生有功德，沒則爲神。王道治明，神道治幽；雖亂臣賊子，窮凶極醜，亦往往敬畏神祇。李自成至曲阜，不犯聖廟；張獻忠至梓潼，亦祭文昌。粵匪焚郴州之學宮，毀宣聖之木主，十哲兩廡，狼藉滿地。所過州縣，先毀廟宇，即忠臣義士如關帝、岳王之凜凜，亦汚其宮室，殘其身首。以至佛寺道院，城隍社壇，無廟不焚，無像不滅，此又鬼神所共憤怒，欲一雪此憾於冥冥中者也。

本部堂奉天子命，統師二萬，水陸並進，誓將臥薪嘗膽，殄此凶逆，以救我被擄之船隻，拔出被脅之人民。不特紓君父宵旰勤勞，且慰孔孟人倫隱痛。不特爲百萬生靈報枉殺之仇，而且爲上下神祇雪被辱之憾。是用傳檄遠近，咸使知聞。

檄文中首先繪述太平軍對平民荼毒蹂躪的情形，特別著重「粵匪」對「兩湖三江」人士如此。其次再說明太平軍對農人與商人的連根拔政策。再次則痛斥洪、楊破壞中國禮　人倫，以「外夷」的宗教，毀滅中國文化的罪惡：「此豈獨我大清之變，乃開闢以來，名教之奇變」數語，是曾國藩不能「袖手坐觀」的理由。最後譴責太平軍破壞寺院，學校等處「窮凶極醜」的行動，勝過歷史上最凶頑的流寇。全文六百六十字，祇在極不關痛癢的地方，提到滿清政府。他出師的目的，說得極清楚明白：（一）解救被太平軍擄去的船隻，「被脅之人民」。（二）「不特紓君父宵旰之勤勞，且慰孔孟人倫之隱痛。（三）爲被太平軍枉殺的人民報仇，爲被辱的神祇雪恨。總之，從曾國藩討洪、楊檄文中，我們決不能貿然斷言他之討伐太平軍，是爲滿清作走狗，殘殺漢人；我們也決不能不承認，他是爲了反對洪、楊以外夷的文化代替中華文化而戰鬪。就漢人的立場而言，卽令滿清是異族統治，但他們已接受中華文化，他們的統治，僅是政權的暫時獨攬，漢族受壓迫，但並非全民族文化的滅亡消失。而洪、楊一面要恢復漢族的政權，却一面要永遠連根剷除漢族的文化，而代以外夷的文化。將洪、楊同滿清政府比較，曾國藩決定他的取捨了。

本來是輔助正規軍，純粹用以維持本地社會秩序的湖南團練，現在懷着保衞中華文化的遠大目標，離開本土，走上前線。離開湖南省境作戰的湖南團練，全軍上上下下都是湖南人，所以被稱爲

「湘軍」。從此，太平軍便遭遇到一支有訓練、有理想、有堅强的團結力的軍隊與他們爲敵。

第三節　湘　軍

湘軍與其他軍隊不同：第一、湘軍中無論將帥、士卒、夫役、都是湖南人（祇有極少例外）；作戰時期傷亡後的遞補者，也全是湖南人。很多這樣情形，哥哥在前線陣亡，其名額由弟弟遞補，再陣亡，其弟弟又繼之，有的則一家兄弟都在軍中。曾國藩有弟四人，除長弟一人在鄉料理家務外，其他三弟俱從征在外。

第二、湘軍中士兵與官佐間，官佐與官佐間，士兵與士兵間的關係與衆不同。曾國藩云：

臣等一軍，勇逾萬餘，兵僅數百。其管帶之員，文職多擇取士紳，武職多拔取末弁。有夙昔之恩誼，無軍營之氣習。不特臣國藩，臣堵齊布二人親如昆弟，合如膠漆。卽在事人員，亦且文與武合，水與陸合，兵與勇合，將與卒合，糧臺官紳與行間偏裨，均無不合。全軍二萬人，幾如家人骨肉之聯爲一體，而無纖芥嫌隙之生於其間。

這種情形，與當時正規軍的「呰窳驕惰，聞征調則驚號，比至前敵，秦、越、楚、燕之士，雜糅並進；勝則相妬，敗不相救；號令岐出，各分畛域」的情形，迥然有別。蓋湘軍軍營之編制，亦多按地域標準，同隊者多有戚誼瓜葛，或彼此世代鄰居，守望相助，今同上戰場，出生入死，自然其親有如「家人骨肉。」這種軍隊，團結堅韲，不易潰散。

第三、湘軍是以曾國藩個人爲中心所組成的軍隊。部將均由他親自選拔而出，如羅澤南、楊載福、彭玉麟、李續賓、李續宜等人，原來都是籍籍無聞之輩，經他賞識，而膺重要軍職。這些人對他的道德文章，胸襟氣度，都萬分傾倒，所以他們也祗忠於曾國藩一人。湘軍中將官賞罰黜陟之權，實際上操於主將曾國藩手中，因此他們與朝廷的關係很淺，甚至可以說與之毫無干係。

第四、湘軍的將官多是受中華文化薰陶甚深的儒生，他們之奮臂而起與太平軍對抗，完全是爲了保衞民族文化。羅澤南、彭玉麟等人，便終身拒絕滿清政府的祿位，以明志向。湘軍的士兵都是一般實淳樸的農民，他們反對太平軍對中國社會傳統倫常與習尙的破壞，故奮起從軍。所以曾國藩說：「諸公之從我，非利動也。」他們爲了義而戰，是一種有主義的軍隊。

將滿清那種已經腐敗透頂的軍隊與新興的太平軍作一比較，前者自然祗有望風披靡。將湘軍與太平軍相較，兩者都是有訓練、有理想、有堅強團結力而復忠於個人的一種地方性軍隊，僅僅是他們之間的目標，內容與領導人的性質，廻然有別而已，兩軍相戰，自是棋逢對手。

湘軍的成功，經過一段極艱辛苦鬪的歷程，十一年殊死戰鬪（咸豐四年到同治三年，一八五四—一八六四），曾國藩因兵敗自殺過兩次，準備自殺者一次，到同治元年（一八六二）時，他給兒子的信上尙說：

細觀天時，默察人事，此賊竟無能平之理，但求全局不遽決裂，而余能速死，而不爲萬世所詬罵，則幸矣！

同年他與友人朱堯階的信上說：

逆回熾於秦中（指陝甘回亂），有苗叛於淮上（指捻匪苗沛霖）。觀其氣象，均非倉卒所能戡定。即髮逆老巢（南京）或能倖克，亦將變爲流寇，貽禍南服。

曾國藩如此悲觀，自有原因：

（一）滿清自入關以來，封彊大吏與統兵大員，絕少用漢人充任。太平軍初興時，奉命督辦廣西軍事的欽差大臣李星沅並無實權，實際統兵的向榮與烏蘭太（滿人）便互相齟齬，李星沅形同傀儡。他報告朝廷「事權不一」，希望皇帝給予實權，結果大受申斥，清廷對漢人的猜疑，由此可見。據說湘軍的捷報送到北京時，文宗大喜；軍機大臣祁雋藻進言道：曾國藩以一匹夫在鄉，振臂一呼，從者萬人，非國家之福，文宗爲之變色。這一傳說是否屬實，姑不必論，不過事實上在咸豐十一年（一八六一）以前，曾國藩並未有管轄地方之權，所用關防亦係木製，地方官吏因他不是直屬長官，更不與之積極合作。清廷對他如此猜疑，當然影響軍事行動。

（二）清代帝皇總攬軍事指揮大權（由軍機處負責），隨時不顧前方軍事實情，任意調度軍隊，決不讓曾國藩有統籌全局和指揮軍事的全權。所以他曾對湖南巡撫駱秉章發牢騷道：「京師之人，以耳爲目，動輒保奏特出辦軍事，此事誠不知如何了局也！」他既要針對軍情調度軍隊，又得委婉曲折應付「以耳爲目」的清廷，其處境之尷尬，自可想見。

（三）兵勇之間自始卽積不相容，在湖南時，連曾國藩亦幾爲綠營所害。此後綠營常與湘軍並肩作戰，嫉功忌能，常有衝突。曾國藩寫信給朋友述苦稱：

> 曩者新寧李沅發之變，鄉勇躍登城，將攻破矣，諸兵以鳥槍射擊，勇墮死，遂不能入。近者兵丁殺害壯勇之案，尤層見疊出。

這樣在戰場上自相殘殺，焉得不令人氣餒。

（四）湘軍的餉糈並無確定的來源。最主要的，是靠「捐輸」。所謂捐輸，實際是強迫殷富之家在上糧納稅之外，再額外繳納軍費。軍費的籌措竟用這種漫無標準的辦法，所以軍中常因餉欵不濟，發生欠餉的事，自然要影響軍心。同時辦理糧臺的人，良莠不齊，「勸募」之時，未能公平，惹起一般人的反感。王闓運的「湘軍志」對這種情形的記載很多。如：

> 令故總督謝澍家倡輸萬金，以率先鄉人。澍子懇於巡撫，籍其田產文卷送藩司，官士大譁，遂以得免。

用「令」而行的捐輸，簡直就是勒索，這對湘軍的聲譽自有不良的影響，當有害於民心的爭取。

（五）最重要的是兵勇的紀律太壞。「湘軍志」形容綠營：

民間徒知其擾累，莫肯憐其送死，故征役者益怨恨，蹂掠於寇所不至之地，而愚民避官迎賊之義起矣。

其實勇也是一邱之貉，曾國藩知道得很清楚，他說：

民間倡爲謠言，反謂兵勇不如賊匪之安靜。國藩痛恨斯言，恐民心一去，不可挽回。誓練成一旅，秋毫無犯，以挽民心，而塞民之口。每逢三八操演，集諸勇而教之，反覆開說，至於千百語，但令其勿擾百姓。自四川以後，間令塔將傳喚營兵，一同操演，亦不過令弁委前來聽我數語。每次與弁講說至一時數刻之久，雖不敢云「說法點頑石之頭」，亦誠欲口滴杜鵑之血。練者其名，訓者其實，聽者甚逸，講者甚勞。……國藩之爲此，蓋欲感動一二，冀其不擾百姓，以雪兵勇不如賊匪之恥，而轉變武弁漫無紀律之態。

這些話從曾國藩親口道出，便可見太平軍的軍紀，實勝一籌，「愚民避官迎賊」證明是屢見不鮮的事實。曾國藩並不能用言語感動他們，「以雪兵勇不如賊匪之恥。」，仍然是「官兵與賊不分明，到處傳入醜聲名。」（曾國藩作「愛民歌」中的兩句）。豈止此也，李秀成被俘後，曾國藩還要懼其「民心之未去，黨羽之尚堅」呢！

總上所述五點，宜乎曾國藩在經過八年戰爭後，要說「此賊竟無能平之理」那種灰心的話了。

儘管如此，湘軍仍能遏止太平軍，也祇有湘軍能遏止太平軍；但他們的確無力平定太平軍，要消滅太平軍，還得靠另外的新因素——常勝軍。

第四節　常勝軍與淮軍

外人對太平軍初期所抱的期望消失後，仍對交戰雙方採取中立的不干涉政策。惟在江南陷於戰禍的時期中，各地富商鉅賈爲避戰禍，多逃至上海，託庇於西方勢力之下，數年之間，上海遽趨繁榮，十餘年前一個海隅小城，遂一躍而爲十里洋場。在外商的心目中，上海已成爲彼等在華最重要的經濟據點，故對任何足以危及商業利益的戰爭行動，均竭力反對。咸豐十年（一八六〇）李秀成趁清廷與英、法釁端已開（第二次英法聯軍）的時機，統率大軍攻上海，事前並致書英使，邀請英使至蘇州會議，謀合攻上海，英人未允所請。時上海中外商人麕集，各爲保障生命財產，乃由中國商人出貲，招引各國水兵及冒險家，共組一支用西式訓練、戰術與器械的軍隊，用以幫助清軍，防守上海，名其軍曰「洋槍隊」或「常勝軍」。常勝軍最初人數僅五六百人，由美國水手華爾（Townsend Ward）統率。後增到四五千人，有歐美人一百，菲律賓人二百，餘皆中國人應募組成。常勝軍最初僅限於防守上海，後竟在上海商人以金錢爲酬賞的條件下，進攻鄰近城市（每攻下一城，酬銀三萬兩，或三萬六千兩）。於是各國水兵以利之所在，趨之若鶩。（曾有英國海軍軍官控告華爾引誘水兵逃亡的事件）。

不久「北京條約」訂立（一八六〇年十一月），清廷已屈服於西洋武力之下，全部答應英法要求，至是英人遂認定太平軍乃發展商業利益之阻礙，一反以往政策，欲幫助清廷速將太平軍敉平。適華爾戰亡，英國政府乃允許其正式軍官爲清廷服役。同治二年（一八六三）三月，江蘇巡撫李鴻章委任英國陸軍少校戈登（Charles George Gordon）爲常勝軍統帥，受李鴻章指揮與太平軍作戰。至同治三年（一八六四）五月解散，爲期約一年。戈登所統的常勝軍，約五千人，內有歐籍官佐一百五十餘人，全部英國武器配備，太平軍自非敵手，故連下太倉、崑山、嘉興、常州、蘇州等名城。太平軍既兩面受敵，勢力日蹙，最後剩下南京一座孤城。

常勝軍解散後一個月，曾國荃攻克南京。

太平軍一告平定，曾國藩立刻將他直接統率的湘軍解散，餘下的，祇有左宗棠屬下的一部分湘軍，後來立功邊陲，血濺天山的，便是這些人。另一部則是仿照湘軍營制，由他的學生李鴻章統領的淮軍（以安徽人組成故名）。淮軍淵源於湘軍，同是一種忠於統帥個人目無政府而復由來自同省區的同鄉所組成的軍隊。

淮軍領袖李鴻章，安徽合肥人，道光二十七年（一八四七）中進士，曾從曾國藩學。咸豐四年（一八五四）太平軍陷安徽廬州，適李鴻章在籍，應召襄贊安徽巡撫福濟軍事，立有軍功。然因爲人才氣橫溢，矜驕自負，爲同事人士所排擠，頗以懷才不遇爲憾。咸豐八年（一八五八）投至曾國藩麾下，辦理文牘工作。次年，助曾國荃肅清江西景德鎮的太平軍。咸豐十一年（一八六一）上海軍事危急，時曾國藩已受命爲兩江總督，節制江蘇、安徽、江西、浙江等四省軍事，乃以「才大心細，勁氣內斂」的評語，向朝廷推薦李鴻章爲江蘇巡撫。他受命後，先回安徽招募六千人，悉照湘軍陳規，編制訓練成軍。次年（一八六二）李鴻章率軍乘輪赴上海，成爲今後三十年清廷國防主力的淮軍，由是成立。

淮軍在表面上與湘軍似極相似，但實質上，卻有很大的差別：

（一）淮軍在上海時，與常勝軍並肩作戰，其將領目擊西方軍事技術之優越與乎軍械之精良，他們都不由得異口同聲承認中國軍事落伍。李鴻章即「深以中國軍事遠遜外洋爲恥。」所以從此開始，淮軍即大量改用西式槍礮，而成爲中國當時惟一的一支戰鬪力最强的軍隊。所以，我們可以說淮軍是湘軍與常勝軍的糅合物，是中西合璧的混血兒。

（二）湘軍各將領，是在曾國藩維護中國禮義人倫的大目標下而結合一致，故其將領多爲虔篤的學者，在太平軍氣陷萬丈之時去爲理想而捨死忘身，雖然服從曾國藩的領導，但彼此的關係是道義的，除掉戰陣之事而外，亦是平等的。淮軍是李鴻章受命爲江蘇巡撫之後回鄉招募的，李鴻章的名位已重，太平軍的頹勢已成，聞風而來投效的人，其動機不如湘軍將領之純正，其流品自亦良莠不齊。淮軍將領中，僅潘鼎新是一名擧人，此外的出身都極卑微，教育程度自然談不上，從軍的理想也很難超出昇官發財與耀祖榮宗的範疇。他們與主帥之間的關係，是功利的，是主從的。他們把主帥當作靠山，視為奧援。這種情形，與湘軍迥然有別。

（三）李鴻章雖然自稱「師事國藩近三十年」，平生治軍持事，都得力於曾國藩的陶冶，但學問、道德則不如曾國藩遠甚。他是世家子弟，沒有曾國藩那種淳樸厚重的農人氣質；他中進士，入翰苑的時候不過二十五歲，少年得志，目空一切，沒有曾國藩在北京的益友，可以互相砥礪學行。中進士後三年，天下大亂，他便開始汲汲於事功的追求，生活於戰亂之中，沒有曾國藩十餘年居京潛心苦讀的機會，並無學術修養可言。而他自己對世俗祿位十分熱中，曾國藩批評「李少荃（鴻章）拼命作官」，確是一針見血之言。淮軍領袖的氣質如此，他部下的風氣如何不問可知。

湘軍與淮軍都是應運而生的新勢力，這種新力量醞釀形成後，便開始創造新局面。

本章重要參考書

曾文正公全集。　直接史料。重要。

李文忠公全集。　直接史料。

王定安：曾文正公大事記。

　　　湘軍記。

朱孔彰：中興名將列傳。

曾文正公手書日記。　直接史料

楊公達：曾國藩軼事。

何貽焜：曾國藩評傳。　編輯曾國藩史料頗豐足資參考。

薛福成：庸庵筆記。

　庸庵文編。　著者記有目擊之事。

章炳麟：太炎文存。　有評曾國藩最嚴之言論。

錢穆：中國近三百年學術史，下冊。

曾紀芬：崇德老人八十自訂年譜。　著者爲曾國藩女兒。記其父事甚多。

陳翊林：曾左胡平亂要旨。

蔣星德：曾文正公之生平與事業。

王闓運：湘軍志。　對湘軍有壞評之書。

　湘綺樓日記。　對曾國藩有譏諷。

W. J. Hail: Tsen-Kou-Fon and the Taiping Rebellions.

第六章　以制夷爲國策的自強運動

第一節　大淸帝國的屈服

在中國朝野人士的心目中，鴉片戰爭不過堂堂天朝偶爾被夷狄戰敗，是天朝的奇恥大辱，然而「小屈必有大伸」，今後尙有「以張天討」的機會。祇有極少數明達的人士，瞭解這次戰爭，不過是一切問題的開始。最初接受失敗敎訓而發生警覺的，當推林則徐。他在粤令人翻譯「澳門月報」，作「知彼」的功夫。所蒐集的材料，由魏源撰成「海國圖誌」。「海國圖誌」的序上，聲明以往的書，都是中國人談外國，該書則是根據西洋書而介紹西洋。魏源並說明他編書的目的：

是書何以作？曰：爲以夷以攻夷而作，爲以夷以款夷而作，爲師夷長技以制夷而作。

這三句話，在當時並沒有人注意，不想二十年後（海國圖誌成於一八四二年，五年後，增補十卷），竟成爲我國朝野一切自強工作的最高原則，一直到現在還很少有人超出魏源（其實是林則徐）這三句話的範疇。

促使滿淸政府改變以往懵然的政策，轉向魏源所標揭的政策之主要原因有二：其一爲湘軍淮軍勃起，使一批新興人物獲得政治高位，這批人均屬漢人，他們的抱負在挽救中國。太平軍要毀滅中華文化，所以他們要「投袂而起」；西方勢力的入侵，更使他們警惕。有一個關於率領湖北團練與太平軍作戰立下大功的胡林翼的故事，很足以代表當時憂國之士的心情。

> 楚軍之圍安慶也，文忠（胡林翼）曾往視師，策馬登龍山，瞻眄形勢。喜曰：「此處俯視安慶，如在釜底，賊雖强，不足平也。」既復馳至江濱，忽見二洋船鼓輪西上，迅如奔馬，疾如飄風。文忠變色不語，勒馬回營，中途嘔血，幾至墜馬。文忠前已得疾，自是益篤，不數日薨於軍中。蓋粵賊必滅，文忠已有成算。及見洋人之勢方熾，則膏肓之症，着手爲難，雖欲不憂，而不可得已。

曾國藩、李鴻章、左宗棠等人，對西洋「輪船之迅，洋砲之遠」自更有極深刻的印象，莫不主張「將來師夷智以造礮製船，尤可期永久之利。」太平軍消滅後，他們在政府中都有極高的發言權，「師夷之長以制夷」的政策，在一般憂國的士大夫倡導之下，遂開始進行。

其二是滿洲親貴於咸豐十年（一八六〇）英法聯軍入北京時，親身受到西方武力所加諸的刺激，恍然大悟，如果長此以往，非特「小屈必有大伸」不可能，簡直就有亡國之虞。於是改弦更張，放棄以往自尊自大的觀念，成爲「師夷之長以制夷」政策的擁護者。要將滿洲親貴改變態度的原委弄明白，我們不得不將英法聯軍的歷史作一概述。

按鴉片戰爭本不過是英國爲了保護鴉片走私貿易以維護大英帝國經濟繁榮而有的一個戰爭，南京條約總算已經達到目的。不意以後簽訂通商條約時，於無意間獲得許多意外豐收，所以，英國對於與中國「談判」任何條約，都很感興趣。蓋他們深知在與對世界知識不平等的中國談判時，一定有意想不到的收獲。由於中美商約有十二年一修的規定，英國援最惠國待遇的條款，也要求修改商約。一則可以獲得與中國談判的機會，再則可以根據十二年與中國貿易的經驗，對中國市場供求情況已獲得相當瞭解，欲藉修約機會調整稅率，以配合其本國原料供應與成品出口的利益。因此他們堅決要求中國要修改商約。在中國而言，條約是「萬年和約」，豈可隨時修改。加以在位的文宗，正是年方二十餘歲的青年，狂妄自大，即位之初（一八五一）便將從前主和的人如耆英之流加以懲處，大有誓雪他父親受挫於夷人的恥辱之氣慨。恰好兩廣總督徐廣縉和巡撫葉名琛與皇帝的想法一致，給英國人一個藉口，掀起絕大波瀾。

英國最先的藉口是廣州入城問題。自五口通商後，除廣州一地對外，其他四處對外人素無印象，外人入城內遊覽，民衆亦無所謂。惟有廣州基於歷史原因（以前不許外商入廣州城內），民衆士紳一致拒絕外商進城。照條約而論，亦未硬性規定外人必得進入商埠的城內，然英人堅持必須入廣州，粤民則羣情洶洶，聚衆暴動，誓死拒絕。粤民愈拒絕，英人愈堅持。英人堅持要入廣州，並不如一般人所謂是「面子問題」，實際是他們看清中國政府這一弱點，欲藉此要挾中國官吏讓與權益。自道光二十三年（一八四三）以來，英人利用這個口實，先後向中國敲詐到一些權益，如舟山不割讓與他國，廣州河南的租借等等。道光二十八年（一八四八）徐廣縉到廣東後，同情粤民的主張，且認爲英夷惟怕義民，民氣更加囂張。英國以修約時期未至，不願引起衝突，遂暫時放棄入城之議，中國朝野則認爲英國已經屈服。

至咸豐四年（一八五四），英國以修約的日期已到，遂聯合美法兩國一致行動，通知總督葉名琛（徐廣縉已調他職）要求修約。葉名琛置之不理，英美代表北上抵大沽，提出十八條「荒謬已極」（文宗語）的要求，毫無結果。兩年後，英人以欲求未遂，已經有了對中國用「武力對付武力的決心」。正好發生「亞羅（Arrow）船事件」，英國遂找到一個並不十分高明的藉口。蓋英人自據香港之後，若干往來於港、粤之間的船戶多在香港登記，一變而爲英國所屬船隻，插上大英帝國國旗，往來無阻，以便走私販賣鴉片。這類船舶，每登記一次，可懸樹英國國旗一年。是年（一八五六）八月，中國水師巡河，入亞羅船搜查，發見該船在香港登記逾期十日，不當再懸英旗，遂將所懸旗取下，並將違法水手十二人捕去。英領巴夏禮（Herny S. Parkes）立刻向中國水師官佐要求將此十二名華籍水手帶到英國領事館審詢，被拒絕。於是巴夏禮向葉名琛提出抗議，要他將中國官吏在中國領土上所逮捕的中國犯人禮釋放，並且向英國「道歉」。最後竟限二十四小時答覆。葉名琛被迫將人犯釋放，但沒有「道歉」，英軍乃砲轟廣州，放火焚燒平民住宅，肆意屠焚。旋以未得其本國政府訓令乃停止進攻。十二月英水手一名爲鄉民所殺，英軍放火焚毁一村。粤民爲求報復，遂於深夜縱火焚燒英國商館，各國商館亦波及，於是英國宣戰的理由找到了——中國侮辱大英帝國國旗，焚毀商館。

法國也藉口有一個名叫馬賴（P. A. Chapdelaine）的神父在廣西被殺（據說是一八五六年二月二十九日）與英國聯合對中國作戰。按照條約規定，外國平民祇能在五口居住，其活動範圍不得超過口岸四週九十里，馬賴神父潛入廣西，已經違法，而法國竟以此爲理由向中國用兵。頗似小偷夜入人家，失愼傷足，次日具狀到法院要求房主賠償一樣。

總之一句話，英國因爲不用武力而達到進一步的攫取中國經濟利益已不可能時便用武力；法國爲了執行親英政策，與企圖取得全世界天主教徒的領導權，便不惜與英聯合。咸豐七年（一八五七）英國派額爾金（Lord Elgin）法國派葛羅（Baron Gros）率兵東來。十二月攻陷廣州，葉名琛被俘，送往印度幽死，以所俘巡撫柏貴爲傀儡統治廣州。次年（一八五八）聯軍陷大沽砲台，強迫清廷簽訂中英、中法天津條約。清廷以猝不及防，以致大沽失守。俟聯軍退後，令僧格林沁防衞津沽。次年（一八五九）英、法使節乘軍艦北上換約，清廷以大沽已設防，通知使臣在北塘上岸，使臣不理，強駛進大沽，水兵登陸，進攻要塞，中國守軍還砲，擊沈其軍艦四艘，重傷者六艘。咸豐十年八月（一八六〇）英、法再調集大軍二萬五千人，在北塘登陸，攻陷天津，文宗因上年之捷，信心甚強，下令僧格林沁「迎頭痛擊，盡殲醜類。」十月，聯軍先據清帝避暑行宮圓明園，文宗逃至熱河。十三日，聯軍入北京，由文宗弟恭親王奕訢負責與英法使節交涉。十八日英使額爾金下令焚燬圓明園，百餘年前來華傳教士所驚慕，稱譽為世界第一偉大的藝術建築，竟被當時號稱為文明國家的政府正式下令毀滅。二十四日，中英、中法北京條約成立。綜合天津、北京兩約的要點如下：

（一）各國可派代表到北京，並覲見皇帝。

（二）增開牛莊、登州、天津、淡水、潮州、瓊州、鎮江、南京、九江、漢口等十處為商埠。

（三）割九龍一區與英國。

（四）賠款銀一千六百萬兩。

（五）允許教士入內地傳教，並有有置產之權（此款影響甚大）。

（六）外人執有地方官蓋印之執照，得赴內地遊歷通商傳教。自通商各口出外遊歷者，其地在百里內，期在五日內者，毋庸請照。

（七）外貨入口後，由入口時在關稅外附徵「子口半稅」百分之二點五後，不得再抽釐金。

（八）允許鴉片正式入口。

（九）中國皇帝對大沽事件表示歉意。

西洋各國對中國的要求，全部如願以償，清廷所得到的是各國允協助平定太平軍。

第二節　師夷之長以制夷

文宗不願回京接受各國公使的覲見，次年（一八六一）病死熱河。貴妃葉赫那拉氏所生獨子嗣位爲穆宗，穆宗即位時年僅六歲，由載垣、端華、肅順爲贊襄政務王大臣，尊文宗皇后爲慈安太后，生母那拉氏爲慈禧太后。載垣等三人欲獨攬大權，太后與恭親王奕訢密謀殺載垣等三人，並嚴懲其黨羽，由兩太后垂簾聽政，恭親王爲議政王大臣輔政（四年後取銷議政王號）改年號爲同治（一八六二）。

恭王與英法聯軍在北京簽訂城下之盟，所受刺激甚深，今既掌大權，自思振作。於是以曾國藩爲首的新興的漢人憂國之士，與一般略有覺悟的滿洲親貴合作，開始推行二十年前林則徐、魏源所提出的「師夷之長以制夷的」自强運動。從同治初年開始，直到第一次中日戰爭（一八九四）爆發爲止，三十餘年間，全國都被自强運動所瀰漫，各種形形色色的新事物，如雨後春筍，層出無窮。講求「洋務」，蔚然成爲一時風尚。由滿清政府主動推行的自强運動，大致可分爲三個時期。

第一時期爲同治元年到同治十三年（一八六二—一八七四）。這個時期中樞的主持人爲恭王。曾國藩、李鴻章、左宗棠、沈葆楨等督撫重臣則各就所治區域推行新政。其重要設施計有：

總理各國事務衙門（簡稱總署）於咸豐十一年（一八六一）元月成立，頗似外交部，其負責人均係各部大員及軍機大臣奉調組成，並非專門負責總署事務。其人數約十人左右，恭王爲其主持人。於天津、上海兩地分設南、北洋通商大臣。

同治元年（一八六二）於北京成立同文館，同治二年（一八六三）李鴻章設廣方言館於上海，廣州亦設館訓練外國語文人材。自英國購軍艦七艘，因英人欲任司令爭執不決，兵艦再轉賣與英國。

同治三年（一八六四），曾、李籌設江南製造局，令容閎出國購機器。江南製造局附設譯書局，數年之間，譯成書百餘種，全屬物理、化學、數學等自然科學書籍。

同治五年（一八六六）左宗棠籌設福州馬尾船廠，並附設學堂，分英文、法文兩部。左宗棠不久北調剿捻、回，由沈葆楨繼之。海關總稅務司英人赫德（Robert Hart）休假返國，勸恭王派同文館學生出國，乃由卸任老知縣斌椿（時年六十三）率學生數人赴歐。此爲中國官方人員首次出國。

同治七年（一八六八）美國公使蒲安臣（Anson Burlingame）任滿返國，由淸廷任其爲中國報聘各國之親善使節。

同治九年（一八七〇）李鴻章受命爲直隸總督，設天津機器製造局。

同治十年（一八七一）籌設洋式礮台於大沽口。

同治十一年（一八七二）曾國藩選派幼童赴美留學，每年三十人，由刑部主事陳蘭彬與容閎負責經料留學生在美事宜。李鴻章請開煤礦，並創設官商合辦之招商局，沈葆楨贊助之。

同治十二年，（一八七三）曾國藩去世、時各國修約問題、日本訂約問題、覲見問題、中日臺灣事件、中英馬嘉理（Margary）案、新疆回亂等外交問題，紛至沓來，自強運動暫時中斷。以上十年的工作中心，偏重介紹西方科學知識與軍械製造。

第二期自光緒元年至光緒十年（一八七四—八四）。本期中樞的主持人仍爲恭王，但彼因與慈禧太后有齟齬，態度比較消極。重臣中以李鴻章、左宗棠爲首，然兩人在政策上有衝突。李鴻章鑑於日本維新（一八六七）後，野心勃勃，認爲「大約十年後，日本富强必有可觀，此中土之遠患，而非目前之近憂」，所以他主張擴張海軍，以對付日本。左宗棠則主澈底解決西北回疆變亂，力主借款西征新疆。雙方爭辯結果，西北邊防固重要，海防亦不可忽視；於是左宗棠遠征新疆，李鴻章發展海軍，分道揚鑣。經此一事，朝臣中有的擁護左宗棠的主張，有的贊成李鴻章的意見，逐漸形成意氣之爭，自强運動的主持人遂告分裂。這十年間的重要設施計有：

光緒元年（一八七五）撥海防軍費四百萬，沈葆楨派福建造船廠學生赴法留學。

光緒二年（一八七六）李鴻章派淮軍軍官卞長勝等七人赴德學陸軍。並派學生赴英法學習海軍與製造。

光緒四年（一八七八）李鴻章合官商資本銀二十七萬兩設開平礦務局。左宗棠設甘肅織呢總局。

光緒六年（一八八〇）李鴻章向德國購鐵甲船兩艘，設水師學堂於天津，設電報局，請修鐵路。

光緒七年（一八八一）開平礦物局建運煤鐵路二十餘里。

光緒八年（一八八二）築旅順軍港。上海籌設織布局。

光緒十年（一八八四）鐵甲船定遠、鎮遠購到。李鴻章派學生二十餘名分赴英、法、德學習製造及駕駛。

光緒十年中法因越南問題發生戰爭，恭王主對法讓步，與慈禧政見扞格，被罷免，贊成恭王意見之五軍機大臣，亦同遭罷黜，以德宗之生父醇親王奕譞代之。李鴻章內失恭王支持，外受同僚指謫，此後一切作爲，不免畏首畏尾，無往日之銳氣矣。

第三期自光緒十一年至光緒二十年（一八八五—一八九四）。中樞之主持人爲醇親王（一八九〇年醇王去世）。左宗棠、沈葆楨均老死，外省督撫張之洞，劉坤一等人聲望漸隆，然與李鴻章政見不合。本期的重要設施計有：

光緒十一年（一八八五）海軍衙門成立，醇親王爲總理。李鴻章設天津武備學堂，挑選各防營勇弁入學。

光緒十三年（一八八七）開辦黑龍江漠河金礦局。

光緒十四年（一八八八）北洋艦隊成立。慈禧歸政與德宗，移海軍軍費修築頤和園，部議不再增購新艦。醇王與李鴻章均不敢提異議。

光緒十五年（一八八九）籌建京漢鐵路。

光緒十六年（一八九〇）張之洞設大冶礦廠與漢陽兵工廠。

光緒十七年（一八九一）上海設造紙廠。

光緒十八年（一八九二）上海設織布局。

光緒十九年（一八九三）張之洞在湖北設織布、紡紗、製麻、繅絲、針釘、毡呢等廠。

光緒二十年（一八九四）津沽鐵路成（約五百餘里）。天津設醫學堂。湖北設火柴公司。

光緒二十年八月第一次中日戰爭發生，由清政府所主持之自強運動至此結束。

仔細分析三十餘年來各項新設施，第一期的重心偏重西洋軍械製造與科學知識的介紹；第二期已經注意到西洋軍事訓練以及與國防有關的「鐵路銅線」（銅線卽電報線）；第三期則重視富國之道，開始發展輕工業以挽回權利而裕餉源了。大體說來，自強運動雖然祇着重「船堅礮利」的軍事建設，但純就對軍事建設的認識瞭解而言，却是逐漸進步的。

卅餘年洋務講求的成效，就表面上看，已斐然可觀。中國的陸海軍已居東亞第一位，朝鮮與越南的「留學生」也到中國兵工廠來學習，舉凡當時大家認爲西洋各國所以富强的各種事業，中國能學的，能創辦的，都學來，都創辦，對於制夷似乎已有把握了。但實際的成效如何，第一次中日戰爭慘敗的事實便足說明一切。

第三節　自強運動的阻礙

分析自強運動失敗的原因，祇要願用「昏庸無能」四個字譴責當時新政的主持人，便可簡單了之。但事實並不如此單純。

首先我們得知道，當時瞭解一些世界情勢，明白中國所處的地位的人士，十分稀少。大多數知識份子，朝廷的主政者，仍然自以為中國是天朝，此外都是蠻夷。這類人物，對於一切洋務都反對，都仇視；不僅祇認為洋務不足以救國，甚至認為自強運動是亡國運動，推行自強運動的人不啻漢奸國賊。他們的勢力很大，言論也頗動聽。曾國藩的老朋友，名重一時的理學家，位至大學士的倭仁便是這派的代表人物。北京同文館，增設天文算學館，倭仁反對，他認為：（一）天文算學疆臣可行，皇上不可行。（二）如事在必行，請將考入同文館的翰林進士科甲有職事人員的原有名義撤銷（因為這些人考入同文館，便有玷科甲）（三）西法本不行於中國，皆總署誘導皇帝行使，理當得罪，他並說：

立國之道，尚禮義，不尚權謀；根本之圖，在人心，不在技藝。今求一藝之末，而又奉夷人爲師，無論夷人詭譎，未必傳其精巧，卽使教者誠教，所成就者，不過術數之士，古今來未聞有恃術數而能起衰振弱者也。天下之大，不患無才，如以天文算學必須講習，博采旁求，必有精其數者。何必夷人？何必師事夷人！」

他的反對，並沒有動搖朝廷的旨意，但「守舊之徒，羣起附和，以新學爲詬病，而有志之士，刼於衆論，瞻顧而不敢涉足，故館雖設而不能得人材。」同文館的成效如何，便不問可知了。另一位大學士閻敬銘談到外交人才時，竟嘆道：「焉有正士，而屑爲此者。」輿論操在這批人手中，新政的推行自然受到眞正的傷害。

大家反對最激烈的，是建築鐵路。他們反對的理由甚多，歸納起來有下列數項：（一）鐵路吵鬧之聲，足以打攪墳墓中人的安寧。（二）修築鐵路必佔據田宅，折毀廬墓，使生者無家可歸，死者屍骨暴露。（三）鐵路一成功，原有販夫走卒均因而失業，必嘯聚爲盜匪。（四）窮鄉僻壤必因鐵路而染「夷風」，「崇邪教」，敗壞風俗。（五）鐵路使敵人運兵方便，無異爲敵人施「縮地術」。就連日後贊同康有爲維新的翁同龢也認爲鐵路祇能在邊疆修築。李鴻章爲了修築鐵路，不知道費了多少唇舌，纔建成了一條津沽路。

守舊派當然反對一切官商合營或官營事業，認爲「官而業商，謂之忘廉，商而預官，謂之越分。」創立海軍，則認爲是「妄人」在「竭中華凋蔽之賦，買狡夷窳下之船，用我之短，爭彼之長，其愚已甚。」（李慈銘語）倭仁的學生徐桐，仇視洋務，可謂登峯造極。恰巧他在京住宅對面有一座洋樓，每日數見，大不高興。然其住宅對官運有利，不願遷徙，乃另闢一門出入，以免看見洋樓。其得意門生嚴復奏請開經濟特科，徐桐立刻與之絕交。並稱：「寧可亡國，不可變法。」名士李慈銘在北京作官數十年，作有「越縵堂日記」，他的言論，大可讓我們今日了解自强運動的主持人物，是在何等艱難的環境中奮鬪。他在日記上批評李鴻章「深信夷人，動效夷法，廣作機器，久糜鉅資。」雖不可殺，也有重罪。至於張之洞等人「羣邪交煽，併爲一談（指主張築鐵路之事），國不悉法，此輩禍未已也。」曾出使英國的郭嵩燾，世界知識自高人一等，總署特將其出使期間所見所感而成的「使西記程」一書印行，欲振聾發聵，李慈銘閱畢此書後，將郭嵩燾痛罵一頓：

> 嵩燾自去年在福建被召時，即上書痛劾滇撫岑毓英（因岑毓英派人殺害英國譯員馬嘉理，引起嚴重交涉之事），以此大爲清議所賤（「清議」乃守舊派自稱）。入都以後，衆詬亦叢，下流所歸（「下流」指主張洋務者），幾不忍聞。去年夷人至長沙，將建天主堂，其鄉人以嵩燾主之也，羣欲焚其家，値湖南鄉試，幾至罷考（可見民情）。迨此書出，而通商衙門爲之刋行，凡有血氣者，無不切齒。於是湖北人何金濤以編修爲日講官，出疏嚴劾之，有詔毀板，而流傳已廣矣！嵩燾之爲此言（主張洋務），誠不知是何肺肝，而爲之刻者又何心也。嵩燾力詆議論虛驕之害，然士大夫之旨爲此議論者，又有幾人哉。烏乎，余特錄存其言所以深著其罪。

讀這一段日記，還可想見李慈銘氣憤塡膺的情形，從他筆下，也讓我們知道在守舊派心目中，推行自强運動的人們是如何罪大惡極。不過守舊派也有高興的時候。光緒十一年（一八八五）二月初八，李慈銘記道：

是日聞英夷巴亞哩（Parkes）死於夷邸，朝野爲之相慶。

曾國藩辦理天津教案（一八七〇），因爲不信「清議」所稱法國傳敎士會「挖眼剖心，採生配藥」，被全國攻訐，「不禁痛哭流涕」。李鴻章受「窮京官爛名士」的「戲弄」，更不知有多少次，其內心所懷的悲憤，偶爾從他的書信上可以得窺一二。他與劉銘傳信上說：

總之，辦天下事，貴實心，尤貴虛心。非眞知灼見不能辦事，亦不能論事，貴耳賤目，最足誤事。鴻章老矣！（時年六十八歲）報國之日短矣，即使事事順手，何補涓埃。願當路諸大君子，務引君父以洞天下中外眞情。勿徒務虛名，而忘實際，狃常見而忽遠圖，天下幸甚，大局幸甚。鴻章一片愚忱，一腔熱血，不自知其言之過也，萬罪萬罪。

與王闓運信上說：

天下事無一不誤於互相牽制，遂致一事辦不成，良用喟嘆。……今各國一變再變，而蒸蒸日上，獨中土以守法爲兢兢，即敗亡絕滅而不悔，天耶人耶，烏得而知其故耶。

從這類沈痛的話句中，當可瞭解自强運動的推行，實是困難重重，每一項新興事業，都不知道要經許多辯論，受多少阻撓，主持的人也不知要忍受多少怨讟，承擔多少責難，然後纔得成功。這樣一點一滴地逐漸累積，居然使這個古老陳腐的大帝國，在三十餘中，裝飾得煥然一新。

守舊派對自强運動的阻撓，曾、李、左等人，尚可一秉其愛國愛民的熱忱，從艱難困苦環境中去奮鬪出一點成績，所以守舊派還不算是自强運動眞正的阻礙。自强運動眞正的最大障礙是主持這項事業的人們的知識受到限制。他們與同時代的士大夫一樣，都是中國舊社會生長，受中國傳統文化薰陶很深的人士。對西方政治、法律、教育等各方面的知識，都茫無所知。至於西洋各國所以富强，科學機器與政治、教育、法律等有何關係的瞭解，自然更談不上了。

曾國藩於道光二十二年（一八四二）在北京寫信告訴他的父親道：

　　嘆夷去秋在浙滋擾，冬間無甚動作，若今春不來天津，或來而我師全勝，使彼片帆不返，則社稷蒼生之福也。

道光二十九年（一八四九）徐廣縉在廣東利用「義民」聚衆拒絕英人入城，曾國藩亦十分佩服，他的家書上說：

　　嘆夷在廣州復請入城，徐總督辦理有方，外夷折服，竟不入城，從此永無夷禍，聖心嘉悅之至。

這種見解，與一般士大夫完全一致。不過一到治軍時便開始知道「夷礮」有用，要葉名琛在廣州購買（一八五四）並坦白承認「湘潭、岳州兩次大捷，實賴洋礮之力」了。咸豐八年（一八五八）他更說：「輪船之速，洋礮之遠，在英法則誇其所獨有，在中國則震於所罕見。」因此他主張速購船礮，使英法失其所恃。言外之意，祇承認中國船礮不如西洋。不過咸豐十年（一八六〇）後，英法願意出兵助剿太平軍時，他堅決反對，又提「制勝之道，在人不在器」，與「眞美人不爭珠翠，眞書家不爭筆墨，然則眞將士之善戰，豈必力爭洋槍洋藥乎！」的理論。他提出這種言論的原因，一方面是防止部下將士羨慕常勝軍的武器而懈於作戰；一方面也是爲國家前途作想，因爲「自古外夷之助中國，成功之後，每多意外要求。」並不是眞正反對用西洋武器，仍主張「將來師夷智以造礮製船，尤可期永久之利。」他與朋友的信上說到自強之道：

綜觀自強之道，總以修政事求賢才爲急務，以學作炸礮，學造輪舟等具爲下手工夫。但使彼之所長，我皆有之。順則報德有其具，逆則報怨亦有其具。若在我者，挾持無具，則曲固罪也，直亦罪也，怨之罪也，德之亦罪也。內地之人民媚夷，吾固無以制之，人人仇夷，吾亦不能用也。

又說：

鄙意求勝於洋，全在中國官不要錢，兵不兒戲，不在納稅之盈絀，尤不在體制之崇卑。

由此足見曾國藩認爲我們向西洋效法的自強之道，僅祇限於船與礮。但他反對虛驕，與外人交涉，

「根本不外孔子忠信誠篤四字」。他說：

> 自古善馭外國，或稱恩信，或稱威信，總不出一信字。……中心待他祇有七分，不必假裝十分。既已通好講和，凡事公平照拂，不使遠人吃虧，此恩信也。至於令人敬畏，全在自立自強，不在裝模做樣。臨難有不可屈撓之節，臨財有不可點染之廉，此威信也。

足以充分表現一位受傳統文化薰陶極深的中國士大夫，對辦外交的基本原則。採取這種原則，去和早已習慣於縱橫捭闔，狡詐矯僞的西方各國打交道，焉得不吃虧。但誰也不能令他不如此，因爲就他的思想背境與所處的時代而言，這種態度是無可非議的。

從同治九年（一八七〇）起，李鴻章便成爲自強運動最主要的負責人，他同曾國藩一樣，出身中國舊社會。同治元年（一八六二）到上海首次與西人接觸後，寫信告訴曾國藩，自認「竟如李陵王嬙之入匈奴」，祇得「拚此孔危之軀涉風濤而不撼」。其使用「鬼方」的常勝軍，實係俯順商民輿情，不得已而爲之，他說：

> 未便以外國之法，用我中國之兵，以中國之兵，聽外國之命也。

他安葬華爾時，用中服中禮，「以全其效命中朝之志」。數月之後，態度開始轉變，對曾國藩「制勝之道，在人不器」的理論，便已微露不滿。他已澈底承認西方「大礮之精純，子藥之細巧，器械之鮮明，隊伍之雄整，實非中國人所能及。」惟洋兵「獨未能紮營住房，又沉陳審愼膽氣多歉，此則不及中國好兵耳。」因此戒諭部下「虛心忍辱，學得西人一二秘法，期有增益。」又恐怕曾國藩誤會，故婉轉解釋道：「鴻章豈敢崇信邪教求利益於我，惟深以中國軍器遠遜外洋爲恥」耳。到上海一年後，他已不顧一切「僱洋人數名分給各營教習」，並向外國購買西洋軍器，他寫信給曾國藩道：

若火器與西洋相埒，平中國有餘，敵外國亦無不足。俄羅斯、日本從前不知礮法，國日以弱。自其國之君臣，卑禮下人，求得英法秘巧，槍礮輪船漸能致用，遂與英法爭雄長，中土若於此加意，百年之後，長可自立，仍祈師門一倡率之。

李鴻章所處的環境加上他個人特別銳敏的觀察，短期之內，前後判若兩人，甚至在那時便已注意要辦「海防」。其接受新知識，可謂迅捷。是年（一八六三）他向朝廷建議在上海設廣方言館時稱：「洋務爲國家懷遠招攜之要政」，必須「盡得西人之要領，而思其所以駕馭之，綏靖邊陲之原本實在於此。」西人之要領，不僅限於「船堅礮利」，還有「測算之學，格物之理，制器尙象之法」。這種觀念，已較其他主張自強的人進步。他在對外態度上，已相當瞭解中國的處境，絕少虛矯之氣。他說「外國猖獗至此，不亟亟焉求富強，將何以自立耶！」他痛惜「千古變局，庸妄人不知，而秉鈞執政亦不知」的情形；他瞭解「中原粗定，東南漸習恬嬉，內釁外患，千瘡百孔」的「殷憂」；他認清「居今日而曰攘夷，曰驅逐出境，固虛妄之論，卽欲保持和局守疆土，亦非無具而能保守之也」的嚴重局勢。但是，他所能做的，所想到要做的，也祇限於學習的西方的科學技藝，以及一些輕工業與交通建設。我們今日看他固是淺陋，所接觸到的祇限於西方富強原因的皮毛，但他在當時已經是「一發狂言，爲世詬病」了。

在外交上，李鴻章不似曾國藩的忠厚，他已略染「歐風」，懂得一些縱橫捭闔的技術。光緒元年（一八七五）他爲了要孤立英國公使威妥瑪（Thomas Wade），也知道利用慈安太后的壽辰，在煙臺用西餐歡宴各國公使及海軍司令，席間並起而致詞道：

一國的見識無多，聰明有限，必須集各國的才力聰明，而後精益日精，强益日强。國與人同，譬如一人的學問，必要出外遊歷，與人交際，擇其善者，改其不善者，然後學問愈進，知識愈開，國家亦然。

這一席話，博得各國好感，威妥瑪知道他的對手，已經不是耆英、伊里布、徐廣縉、葉名琛等人了，也就不再多所要挾（因馬嘉理案而有之交涉）。拿他的言行與同時的倭仁、李慈銘、徐桐相較，眞有如隔世。可惜的是，他仍然沒有機會研究國際法，祇能在對外國的態度與交涉的技巧上有進步，但對外國所設的圈套，仍然無法識破。

此外如左宗棠、沈葆楨等人，對於「船堅礮利」政策的推行，都不遺餘力，惟其世界知識，則都不如李鴻章。左宗棠雖創設馬尾船廠，但禁止其子乘坐輪船。當中俄爲伊犁問題爭執不決時，左宗棠是主戰派，他認爲俄國陸軍雖强，總不如太平軍、捻軍、回軍之難剿，其見識可知。沈葆楨爲官清廉有名，乃林則徐女婿，對外侮的亟迫，有極深的印象，馬尾船廠差不多由他一手完成，惟他所知的洋務，亦僅止於軍事。同治元年（一八六二）南昌教案發生，生員聚衆拆毀天主教的教堂，引起嚴重交涉。沈葆楨內心頗同情儒生的舉動，認爲係國家「二百年養士之報。」就當時的環境而言，一個受中國文化薰陶很深而又愛國的士大夫，當然是要邁力學習夷人長技，同時反對在他們心目中「傷風敗俗」的「邪教」的。

滿州親貴如恭親王奕訢，軍機大臣文祥等人，於英法聯軍撤退後，便有省悟。明白「治國之道，在乎自强。而審時度勢，自强以練兵爲要，練兵又以製造爲先。」西洋各國能橫行海外的原因，「惟恃船堅礮利」，但其奧妙又不輕易告人。所以他們要曾、李等人趁剿太平軍的時機，「託名學製以剿賊」，便可得到西洋的秘法。沒有想到英法等國的「秘有技巧」，竟完全公開，自然喜出望外，於是集中精力學習西洋的「製造」，不遑他顧。

在識見上較曾李等略勝一籌的，祇有郭嵩燾一人。但他的卓見，遭受時人無情的攻擊，沒有被朝廷採擷實行的可能。遠在同治二年（一八六三）江西教案發生時，郭嵩燾的見解便高出時人。他寫給曾國藩的信上說：

國家辦理夷務二十餘年，大抵始以欺謾，終反受其陵踐。其原在不知事理。天下藉藉，相爲氣憤，皆出南宋後議論。歷漢唐千餘年以及南宋事實，無能一加考較，此其蔽也。傳曰：「惟禮可以已亂」，奈何自處於無禮以長亂而助之披猖乎！至於寇亂之生，由一二奸頑煽誘；愚民無知，相聚以逞，遂至不可禁制。所欲拆毀教堂者，無識之儒生耳，其附和以逞，則愚民乘勢刼掠爲利。民數聚則氣囂，氣囂則法廢，而其足以致亂一也。君子不屑徇愚民之情以干譽，故法常伸而民氣以肅。欲以此意告幼丹中丞（沈保楨），視其舉國如酲，非疏賤之言所能發其覆也。

光緒二年（一八七六）他奉派爲駐英公使（乃清廷首次派正式使臣駐紮外國），所著「使西記程」，對西方富强之道，已有進一步的認識。他說：

西洋立國，自有本末，誠得其道，則相輔以至富强，由此而保國千年可也，不得其道，其禍亦反是。

他不僅已注意到「西洋立國，自有本末」，決不限於科學技藝，而且提出祇重視科學技藝，還會得禍的警語。次年，他寫信告訴李鴻章，更進一步提出立國之本在政教修明，士民殷富他說：

西人富强之業，誠不越礦務及汽輪舟車數者，然其致富强，固自有在。竊論富强者，秦漢以來治平之盛軌，其源由政教修明，風俗純厚，百姓家給人足，以成國家盤石之基，而後富强可言也。豈有百姓窮困，而國家自求富强之理！今言富强者，一視爲國家本計，與百姓無與。官俗頹敝，盜賊肆行，水旱頻仍，官民交困，岌岌憂亂之不遑，而輕言富强，祇益其侵耗而已。

他這番話，無異將當時的各種新興事業比作錦繡之中裝敗絮，沙灘之上築大厦，恰當之至。一到涉用可言。

及立國根本，李鴻章便祇能顧左右而言他。郭嵩燾受盡時人諷許，沒有一個同志（曾國藩從前聽郭嵩燾提出翰林要習洋務的主張，也不禁爲之大駭），他的言論，祇能供後人欣賞，在當時毫無作用可言。

自强運動主要領導人的知識，既囿限於他們所處的環境，其不能達到他們預期救亡圖存的目的，自不待言。在這種情況之下，他們所推行的新興事業，自不能有通盤計劃統籌總辦，都是各就其力量所及，通過舊制度下的古老機構，運用舊社會所陶冶出的人士，創辦新事業。個中困難，祇有身臨其境的人纔可能體會到。雖然如此，他們究竟作了許多事情，這三十餘年並沒有完全白費掉。

本章重要參考書

李文忠公全集。

曾文正公全集。

左文襄公全集。

咸豐同治兩朝籌辦夷務始末。

咸豐同治光緒朝東華續錄。

王延熙：道光同光奏議。

同治中興中外奏議約編。　經過選擇之奏議，易披閱。

沈文肅公政書。　卽沈葆楨政書。

李思倫白：萬國通史前編。　傳教士所介紹之世界知識。

李慈銘：越縵堂日記。　爲頑固派之代表。

斌椿：乘槎筆記。　見小方壺輿地叢抄第十二帙。讀後可知當時士大夫對西洋之觀感。

郭嵩燾：養知書屋文集。

容閎：西學東漸記。　著者爲近代中國最早之留學生，曾李等人自强運動，受其影響不少。

江南製造局記。

吳相湘：晚淸宮庭紀實。　內有若干前所未發表之材料，足助參考。

第七章　大清帝國的解體

第一節　外交的革新

鴉片戰爭雖然被視爲中國近代史的起程碑，但英法聯軍入北京纔眞正是中國在客觀環境與主觀意識上都轉入近代的樞紐。北京條約（一八六〇）訂立後，中國開始對內推行自強運動，向近代化邁進，前章已有敘述。對外則從此被迫置身國際舞臺，努力適應新環境，中外關係遂步入一個新時代。自咸豐十一年到光緒二十年（一八六一—一八九四），三十四年間，中外交涉頻仍，頭緒繁多。但就各項交涉的性質而論，大體可別爲四類，即敎案問題、立約問題、修約問題、藩屬問題。除敎案問題爲敘事方便計，留待第十章敘述外，其餘都在本章討論。（中日戰爭下章敍述）

自咸豐十年（一八六〇）後，歐美各國先後到中國要求訂立通商條約。清廷抱定來者不拒的態度，與他們一一訂約，這些國家，不費一兵一矢，取得了英法等國在中國的特權。惟中國與葡萄牙、秘魯、日本等三國訂立通商條約時，却有一些波折。

葡萄牙於同治元年（一八六二）與中國訂立通商條約，言明中國仍可「設立官員，駐劄澳門」。三年（一八六四）葡使來換約，欲取銷此條，詭稱中國駐澳門之官員爲領事官，想乘機取得澳門之全部主權。中國自不答應，加上澳門劃界問題（葡人私自拓佔數里地）不能解決，於是葡使拒不換約。延至光緒十三年（一八八七）中國終於放棄在澳門設官後，中葡之間始有通商條約。

秘魯於同治十二年（一八七三）來華要求立約，中國以華工在秘魯受虐待，李鴻章主張先由中國派員赴秘魯調查華工情形，確定華工在秘魯享受法律平等之後，再訂商約。次年，秘使承認中國要求，先訂立保護華工之專約，再成立商約（一八七四）。

日本於同治九年（一八七〇）派柳原前光到天津，用「大日本」外務卿的名義，致書中國總署，要求訂立通商條約。中國認爲早在同治元年，日本「頭目」已帶同商人來上海通商，證明通商固不一定非訂約不可，故照會日本祇要「彼此相信，似不必更立條約，古所謂大信不約也」。日使堅持，並聲稱如中國不允，便將轉請西洋大國介紹。這個狐假虎威的政策，果然生效，中國答應了。但是有人反對，認爲日本乃「臣服之邦」，不能與西洋各國相比。惟有李鴻章對日本最敏感，他說：

日本近在肘腋，永爲中土之患。聞該國自與西人訂約，廣購機器兵船，仿製槍礮鐵路，又派人往西國學習各色技業，其志固欲自强以禦侮。究之距中國近而西國遠，籠絡之或爲我用，拒絕之必爲我仇。將來與之定議後，似宜由南洋通商大臣，就近遴委妥員，帶同江浙熟悉東洋情形之人，往駐該國京師或長崎島，管束我商民，藉以偵察彼族動靜，而設法聯絡牽制之，可冀消弭後患，永遠相安。

曾國藩的意見與李鴻章相似，惟主張訂約時不可有利益均霑一欵。

次年（一八七一），日使伊達宗臣、柳原前光抵天津談判。日人反對中國所提之草約，欲按照西方成例訂約，爲中國所拒。日使懇求英使威妥瑪協助，亦不成功，最後伊達祇得遵從中國之意旨，訂立條約。這個條約，日人未沾便宜，旣無最惠國待遇，商務亦受種種限制，所以心懷「不平」。適日本國內因琉球人與日人船破飄至臺灣，爲山地人所殺，朝鮮復拒絕與日訂商約。以西鄉隆盛爲首的「武功派」，欲乘機侵略中國及朝鮮。同治十一年（一八七二）日本外務卿副島種臣遂藉換約之便，來華一窺虛實。副島與李鴻章談判，欲修改商約，亦未達目的。

從中葡、中秘兩約訂立的經過情形看，當時的外交技術，已較以前有進步。從中日交涉的情形看，同治年間的人，至少已經發覺「最惠國待遇」是一種吃虧的條欵。這都是花了極大的代價纔獲得的教訓。

英法聯軍便是因中國拒絕十二年修約的問題所引起，天津條約（一八五八）規定今後每十年修改商約一次，同治七年（一八六八）卽臨修約之年，總署爲事先詳爲籌措，並收集思廣益之效計，乃於前一年（一八六七）將修約問題提出，由皇帝下諭各省督撫發表意見。總署所提的六項問題爲：

（一）覲見問題　按照北京條約規定，各國派駐北京使節，需覲見皇帝，呈遞國書。文宗因不願接見夷使，拒不回鑾。穆宗嗣位，兩宮垂簾聽政，清廷以皇帝年幼爲理由，拒絕覲見。現穆宗卽將成年，覲見勢在必行，惟覲見的禮節如何，則大費周章，因外國使節一定不行三跪九叩禮，若行夷禮，則與中國「體制」有關。總署很希望能有一適中辦法。

（二）遣使問題　總署認爲不遣使駐紮外國，使「我於彼之情僞，一槪茫然」，有失知彼知己之道。如欲遣使，而誰願赴外國？費用如何籌措？言語隔閡等，均屬困難。

（三）鐵路銅線問題　總署認爲鐵路銅線「失我險阻，害我田廬，妨碍我風水」，故拒絕各國的請求。今後各國如再請求時，應如何駁辯，方能杜絕後患。

（四）內地設棧與內河駛輪問題　歷年外商屢在不通商之處私行設棧，影響人民生計，應如何禁阻？

（五）販鹽挖煤問題　各國公使包庇商人走私販鹽，並迭次要求開煤礦，應如何制止？

（六）傳敎問題　各國傳敎士「一味袒庇（敎民）」，甚且從旁扛幫插訟，與地方官爲難，聽之不可，治之不能。」有何良策以禁之？

曾國藩主張應准外使覲見，禮節上也「不必强以所難」。對於遣使，則認爲「有人則遣，無人則不遣，其權在我。」至於天主敎之傳播，祇要中國「修政齊俗，禮敎昌明」，便可制止其發展。惟有敷設鐵路銅線與內地設棧及內河駛輪船，影響小民生計至鉅，應斷然拒絕，雖因之引起戰爭，亦所不惜。惟挖煤一事，「借外國開挖之器，與中國永久之利，似尚可試辦。」

李鴻章主張用拖延政策與外使談判禮節，讓外使自息請覲之舉。對遣使一事頗贊成，目前最好暫令外人充當使節（時蒲安臣正擬代表中國使各國），以後逐漸用中國人。他認為鐵路銅線「大有利於彼，大有害於我」，不能答應洋人之請求。內地設棧與內河駛輪，對國防民生都不利，如外國一定强求，則可用倘被百姓折毀，中國政府不能治罪賠償之理由以回絕之。販鹽須設法嚴拒，挖煤可由官試辦。

次年（一八六八），英國使臣阿禮國（Sir Rutherford Alcock）提出修約節略，要求免抽洋貨釐金，內河駛輪船，內地設棧，增開商埠；美使則提出建築鐵路銅線，開煤礦等要求。總署與之往來磋商，至同治八年（一八六九）條約議成，中國對某數種入口貨免抽釐金，開蕪湖、溫州為商埠，通商口岸創設關棧，九江關督在鄱陽湖設拖船，商船航行內河者，待遇與華人相同，南方選擇三處挖煤，生絲出口及鴉片進口的關稅提高。英人所得利益頗多，但英商多數均靠鴉片牟利，見鴉片增稅，羣起反對，英國政府為尊重鴉片販子意見，拒絕批准，此約遂成廢紙。欲另俟時機與中國交涉。

光緒元年（一八七五），馬嘉理案發生，英國始找到一個借題發揮的機會。馬嘉理是英國使館的譯員，取得總署護照到雲南，迎接由緬甸到雲南的英國軍官柏郎（Col H. A. Brown）。雲南巡撫岑毓英遣人將馬嘉理殺於騰越，詭稱係野人所殺。並調兵阻柏郎入滇。英使威妥瑪因此提出許多增加英國商務利益的要求，中國不願全部答應，威妥瑪肆意恫嚇，決不讓步，往返交涉，均無結果。延至次年（一八七六），英使提出最後要求：除與馬嘉理被殺有關的英人觀審、道歉等項而外；尚有會商滇緬邊界商務，英國得派員駐大理、重慶，開奉天（瀋陽）、大孤山、岳州、宜昌、安慶、蕪湖、南昌、溫州、水東、北海等處爲商埠，免釐金，各商埠均劃定租界等條件。總署除對開商埠、免釐金、劃租界三項表示異議外，餘均一一承諾。威妥瑪以要挾未全遂，竟通知總署撤回所提要求，然後率領眷屬及屬員離京赴上海，作欲宣戰之姿態。中國早已成驚弓之鳥，一見英使態度如此，惟恐戰禍重開，多方派人赴滬轉圜，威妥瑪本不過裝腔作勢，乃允許再會議。八月李鴻章赴煙臺，與英訂立煙臺條約十六欵，其要點爲：

（一）英國得在上海設立公審堂，審理英人案件。凡各通商口岸有英人控告華人之命案盜案，英人得派員觀審。

（二）開宜昌、蕪湖、溫州、北海爲商埠，英國可派領事至重慶。

（三）洋貨入口納關稅與子口半稅後，運往各通商口岸之租界，不抽釐金。

（四）各通商口岸均劃定租界。

（五）輪船准在內河航行。

（六）鴉片關稅提高。

英國犧牲一條性命，賺得無數權利，眞可謂一本萬利也矣。煙臺條約成立，從同治七年便開始的修約問題，遂告解決。

第二節　從尼布楚到伊犂

同光年間最嚴重的對外交涉，當然是藩屬的遭掠奪與邊疆的被剝削。對中國藩屬與邊疆都懷有野心的國家，首推俄國。

俄國在十三世紀蒙古西征時期，僅屬剛開化不久的民族，境內小國林立，並無國家雛形。蒙古征服後，在其地建立欽察汗，歷時兩百五十餘年，到明憲宗成化十六年（一四八〇），俄人始擺脫蒙古的統治，開始以莫斯科爲中心，向四方擴張。到明神宗時期，俄人向東進略，已達西伯利亞。清順治元年（一六四四），俄國冒險家抵達黑龍江下流，歸報其首領，謂得精兵三百，卽可佔據其地，是爲俄人欲藉武力侵佔中國領土的先聲。數年後，俄人哈巴羅夫（Khabarov）率領七十人到黑龍江（一六五〇），攻陷淸人所建的雅克薩城，並順黑龍江東下，沿路肆行殺掠。淸廷聞訊，派軍二千北上驅逐俄寇（一六五二），未見效果。三年後再增兵遠征，以餉糈不濟而退。俄政府此時亦派兵一千六百餘人東來，以斯梯帕諾夫（Stəpanof）代哈巴羅夫爲侵略先鋒。順治十五年（一六五八），中俄大戰於松花江畔，俄軍慘敗，斯梯帕諾夫陣亡，殘衆逃歸者僅十餘人。經此一戰，俄人的氣䫲遂殺，黑龍江兩岸得到一時的安寧。

俄人一面用武力侵擾，一面派使臣到中國探聽虛實。順治十二年（一六五五）俄使裴可甫（F. I. Baikov）齎俄皇國書到北京，因拒不行叩拜禮，不得朝見，令其返國。康熙九年（一六七〇），俄駐尼布楚（一六六六年俄人所築）總督用俄皇名義派一個目不識丁的使臣到北京，因行跪拜禮，頗受優遇。臨行聖祖用滿文敕諭一道，頒賜俄皇，囑其歸還降人，勿擾邊境。再六年（一六七六），俄皇正式派遣一博學多識的使臣尼古拉（Nicholas G. S. Milescu）到北京。尼古拉覲見皇帝時仍行三跪九叩禮，惟不願跪受聖祖頒賜給俄皇的禮物，故他所提出的各項要求（以商務為主），清廷未予置理。尼古拉的外交使命失敗，但他刺探中國內情的工作却有相當成績，至少已知道清廷正遭遇極嚴重的內亂，（三藩之亂正熾）無暇注意邊彊。故尼古拉歸國後，俄人卽在黑龍江一帶大事擴張，自康熙十七年起到二十一年止（一六七八——八二），四年之間，先後築城五座，有席捲黑龍江東北數千里之勢。此為俄人首次乘中國有內亂便大規模掠奪中國彊土的行動。

康熙二十年（一六八一）三藩之亂全平。次年，聖祖便開始籌劃對俄問題，命郎坦與彭春率兵至東北，藉行獵為名，偵察俄人虛實。郎坦等歸後，卽積極進行戰事的準備工作，命戶部負責造巨船，置驛站運糧；並築墨爾根與齊齊哈爾兩城，以為前進基地。至康熙二十三年（一六八四），經三年之準備，布置竣事，始決定進兵。先通知雅克薩俄兵，令其投降，俄人不答。次年（一六八五）清廷於再三曉諭均無結果後，乃圍攻雅克薩城，俄軍無力抵抗，一部向清軍投降，一部退回尼布楚，清軍毀雅克薩城後撤歸。

清軍南撤後，俄人復至雅克薩，重新築城。清廷聞訊再率兵進攻（一六八六），俄軍死守不降，清將薩布素乃採長期圍困之計。正當此時，荷蘭使臣到北京，聖祖乃命荷使轉諭俄皇，命俄軍自雅克薩撤退，另議兩國疆界。俄皇知無力與中國戰爭，立請停戰，並遣使來議邊界。清廷遂下令停戰，解雅克薩之圍，城中俄軍司令已陣亡，所餘僅六十餘人。次年（一六八七）俄使率兵一千五百人東來，因會議地點未決，延至康熙二十八年（一六八九）始決定以尼布楚爲會場。清廷派內大臣索額圖爲首席代表，率精兵四千直抵尼布楚城郊，聖祖更遣郎坦統兵一萬以爲使臣奧援。索額圖初提以貝加爾湖爲界，以東屬中國，以西屬俄國；俄使堅拒，欲以黑龍江爲界，江北歸俄，雙方意見相差過遠，交涉幾瀕決裂。清使旋讓步，願以尼布楚爲界，俄亦不允，索額圖最後讓步到聖祖所諭擬定之界限，俄使仍欲堅持，時清軍已全部到達，俄人知談判破裂，戰爭立可爆發，始行讓步。此爲中國第一次與歐洲國家訂立條約。尼布楚條約的要點爲：

（一）以流入黑龍江之額爾畢齊河及沿此河源之外興安嶺以至於海爲界，凡嶺南流入黑龍江之河流均屬中國。

（二）以流入黑龍江之額爾古訥河爲界，岸南屬中國。

(三) 毀雅克薩城。原有居民，一概徙居俄境。

(四) 兩國人等不得越界，逋逃者不得收納。

(五) 往來行旅，如有路票，聽其交易。

這個條約，使中國紛擾了四十餘年的邊境問題解決，使俄國直接用武力侵優，乘中國內亂掠奪中國疆土的政策，受到遏阻。

四年後，中俄議定：俄國商隊不得超過二百人，隔三年來北京貿易一次，所辦貨物，不令納稅，得駐京八十日。俄人並遣留學生到北京，學習中國語文。時中國已平服外蒙，與西伯利亞接壤，疆界問題再起。加以俄人來北京者，常有酗酒行兇之事發生，中國有停止俄商來京之意，於是俄皇彼得一世 (Peter the Great) 遣伊斯邁羅夫 (L. V. Ismailov) 使華，康熙五十八年 (一七一九) 伊斯邁羅夫到北京，行三跪九叩禮，要求改良俄人貿易所受限制，未得結果，康熙六十一年 (一七二二) 頹然返俄。是年聖祖亦逝。

清世宗(雍正)即位後四年 (一七二六)，俄皇遣使薩瓦 (Sava) 來北京，以賀皇帝登極爲名，實欲談判劃界及通商問題。世宗待薩瓦頗優渥，許俄人在北京設立一教堂，傳教士四人及留學生四人，教習二人，均由中國給與口糧。次年 (一七二七) 薩瓦赴布拉河 (Boura) 與中國代表談判，成立條約，外蒙與西伯利亞疆界劃定，中俄貿易亦有新規定。因約中規定貿易之地爲恰克圖，故世稱「恰克圖條約」（一七二七），其要點如下：

（一）關於疆界者：（甲）以楚庫河（Tchikoi）爲界；（乙）自沙弼奈嶺（Chabinai）至額爾古納河（Ergone）堤，山之陽屬中國，山之陰屬俄；（丙）烏帶河地方爲兩國中立地。

（二）以恰克圖、尼布楚爲互市地，兩國人民均得在其地建築房屋。俄國商隊每隔三年至北京一次，數目不得超過二百人。

（三）俄國在北京設立教堂，「喇嘛」（俄人爲迎合世宗之意，故以此名其教士）與留學生由中國「給與盤費與贍養」。

條約批准後，中國在恰克圖設監視官一人，監督貿易事宜。乾隆二十七年（一七六二），設庫倫辦事大臣，兼理中俄交涉。中俄國交如此維持者百餘年。

尼布楚條約訂立後，俄國侵略中國的行動雖遭挫折，但要在東方「開窗戶」的念頭，卻並未忘懷。在鴉片戰爭前，歐洲各國到過北京的人數，以俄人最多，加上所謂「喇嘛」與留學生在北京長駐。因此，俄人對中國各方面的情形的知識，都較同時候任何歐美人士豐富，這於他們後日對中國的侵略，有極大的幫助。薩瓦簽訂恰克圖條約歸國後，向俄皇提出征服中國的計劃，除用武力外，便是分化中國各民族。百餘年後，俄國的機會到了。

鴉片戰爭結束後七年（一八四九），俄皇尼古拉一世任命莫拉維岳夫（N. Maraviev）爲西伯利亞總督，負責侵略中國的重任。翌年在黑龍江北岸建城，宣稱爲俄國領土。次年（一八五一）便以軍隊萬餘人到黑龍江下流及庫頁島一帶「探險」。咸豐四年（一八五四）乃率兵闖入愛琿，在黑龍江航行，並要求中國與之談判邊界問題，未得結果，清廷對俄人之行爲，亦無積極反應。於是莫拉維岳夫不顧一切在中國境內築城移民，造成既成事實。

咸豐八年（一八五八），清廷內困於太平軍，外擾於英法聯軍，俄人乘勢進兵愛琿，要挾黑龍江將軍奕山與之訂立劃界條約，强迫中國將黑龍江以北的領土割讓與俄國。奕山不允，莫拉維岳夫大肆咆哮，並於晚上鳴砲數響，以威脅奕山。奕山經不起恫嚇，乃簽訂「愛琿條約」（一八五八），將外興安嶺以南，黑龍江以北的領土割歸俄國；烏蘇里江以東以至於海的地方，由兩國共管。俄人並可在各江航行。清初俄人努力經略的目標，現在不折一兵一矢，輕易達成。同時俄使普提亞金（Count Putiatin）復乘中國與英法在天津談判城下之盟的時機，向中國代表提出割烏蘇里江以東土地的要求，恭親王恐怕俄國與英法聯合，祇得承認。次年，中國因換約之事，與英法重開釁端，清廷以大沽之捷，欲否定俄國乘中國危難所獲得的利益。於是俄人慫恿英法聯軍北上，再乘聯軍佔領北京的時機，向早已失魂落魄的恭親王大肆要挾。同時，復冒稱可以調解戰爭，向中國邀功，以求報酬。俄人的計劃完全成功，愛琿條約自然承認，新訂的「中俄北京條約」使俄國得到烏蘇里江以東的土地，新疆的邊界亦大受剝削。北京條約之後，中俄之間繼續訂立勘界、通商等約，俄人可以到張家口與北京貿易，開新疆的喀什噶爾爲商埠，中俄邊疆貿易並得免稅等。

俄人不費一兵一矢，坐得二百七十餘萬方公里的領地，以及無比的經濟權益，實爲古今中外所創見。究其原因，不外三端：（一）俄人處心積慮要鯨吞中國已有兩百年之久，歷年利用「喇嘛」、留學生、商人在中國的機會，刺探中國內情，故俄人最瞭解中國虛實，最能揣摩中國人之心理。例如他每次向中國敲詐時，必利用清廷仇視英法的心理，向中國表示好感。同時又利用清廷恐怕夷人合以謀我的心理，向中國要挾，以遂其掠奪的目的。（二）俄人最長於在中國內憂外患的時機造成既成事實，然後選擇機會，用欺騙、恫嚇、敲詐、甘言……等手段，使中國承認既成事實。（三）中國對英法等國用戰爭的方式，强迫訂立城下之盟所受的刺激很深。而俄國自尼布楚條約之後，便不採取正式戰爭的侵略方法。所以儘管俄國野心如何大，心腸如何狠毒，行動如何殘忍（在邊疆的剽刼屠戮），但一般中國人對之毫無感覺。愛琿條約與北京條約，中國損失之重大，不言而喻。然中國的反應，不過疆臣與朝廷之間一些公文的往來而已。絕對大多數的官員，對邊疆的地理，毫無所知，祇知中俄已訂約劃界。他們那曉得這一「劃」一，是多麼嚴重，至於普通民衆，連「劃界」的事，恐怕還不知道，更遑論有所警覺。因此，中國對俄國不事防備，處處讓俄人佔便利於不知不覺中。

最先瞭解俄人侵略威脅的是林則徐，鴉片戰爭爆發後，他被宣宗貶謫到伊犂，在那裡住了幾年，因此洞悉俄人野心。後來他曾經告訴人說：英法等國倘非中國之大患，終爲中國大敵的是俄國，不久的將來，中國便要受到俄國的威脅。不幸林則徐的忠告，沒有引起當時人的重視而對俄國的侵略有所惕悟，至堪惋惜。

咸豐十年（一八六〇）以後，俄國在中國東北邊疆的掠奪已可暫時告一段落，便將目光轉注到中國西北邊疆。

自鴉片戰爭後，俄人即覬覦中亞一帶若干屬於中國的小國，先後用武力將其逐一吞併。北京條約訂立後四年（一八六四），新疆回亂發生，浩罕酋長阿古柏乘機率兵侵入天山南路，建立王國。清廷鞭長莫及，遂任聽新疆全境陷於紛亂。俄人乃藉維持邊境治安爲辭，派兵佔領西北重鎮伊犂（同治十年，一八七一）。對清廷抗議的答復是一俟清軍平定新疆變亂後，立卽交還。蓋俄人估計中國已無力敉平回亂，故用辭搪塞，以掩飾其野心。不意左宗棠於陝甘回亂平定後，堅持收復新疆，光緒元年（一八七五）左宗棠率兵西征，三年後，全境平定，阿古柏自殺，清廷乃派崇厚赴俄交涉伊犂收回事宜。光緒五年（一八七九）這一位既不懂外交復無地理知識的崇厚，在狡詐無比的俄人矇混下，與俄國訂立了交還伊犂的條約。根據這個條約，中國僅收回伊犂一座孤城，將附近肥沃地區，軍事要塞區一律割讓與俄國，而且還損失西北各地許多經濟權益。消息傳到，舉國大譁，左宗棠、張之洞等人，極力主戰。李鴻章、劉坤一、郭嵩燾等人則主不可輕起釁端，宜另設法挽救。俄人則屯重兵於伊犂，並派軍艦至中國示威。次年二月，清廷派駐英法公使曾紀澤（曾國藩的長子）赴俄談判修改崇厚所訂之約。

曾紀澤的任務，可謂艱難之至，他要從餓狼口中取回肥肉。光緒六年（一八八〇）曾紀澤到俄京，與俄人反覆辯論，歷時半年，毫無進展。適俄國與土耳其有戰爭，不能調兵增援東方，俄皇始下令讓步。次年（一八八一）二月，新約成立，中國收回伊犂附近要塞，允許俄人至甘肅肅州貿易暫不納稅，賠償俄國「代管」伊犂軍費九百萬盧布（約合銀五百萬兩）。伊犂誠然大體上是收回了，但俄人前此所侵佔我國西北邊疆與併呑我國的藩屬，卻在這次條約中，無形中獲得中國正式承認，俄人仍然沒有吃虧。

從伊犂條約到八國聯軍（一九〇〇）十餘年間，俄人除掉用劃界的方法侵削了中國許多疆土外，復暗中遷移界牌，以最卑鄙的偷盜手段，肆行侵略，這種零星的損失，更難數計。

第三節　中法越南戰爭

英法日等國侵略中國邊疆藩屬的技巧，遠不及俄國高明。

中國歷代對藩屬都有一定的政策，祇要藩屬能稱臣納貢，便稱滿意，至於屬國的內政外交，中國向不過問。而且對藩屬入貢的賞賜，特別優厚，以示懷柔之意。偶逢藩屬有內亂或外患發生，中國還得爲之禦侮平亂，盡「興滅繼絕」的責任，事後不取任何報酬。兩千年餘年來，東亞各弱小民族，大體上都能配合這種政策，與中國相與無間。中國這種傳統的政策與西方所謂殖民地的觀念，自然是有天淵之別。由於中西對宗主國與藩屬之間的關係，各抱不同的觀念，所以中國又吃了知識上不平等的虧。中國不能抗拒人家用武力強迫接受西方的國際法，祇有坐視四鄰弱小民族被人魚肉，藩屬被人宰割。

十九世紀的帝國主義者，對割裂大淸帝國藩屬所採用的方法，大體上是依着幾個步驟進行。他們首先是乘中國無暇顧及的時候，向中國的藩屬用兵，强迫他們所看中的弱小國家，與之訂立喪失主權的條約。進一步便承認藩屬是「自主國」，否定了中國的宗主權，放手向這個可憐的「自主國」侵略。到中國知道情勢不妥而提出抗議時，他們便明正言順地說明中國既非宗主國，無權干涉他國之間的事情。等到時機成熟，自主國便變成殖民地，然後强迫中國承認他們侵略所得的成果。十九世紀後半期，中國西南各藩屬與朝鮮，都在這樣情形下，一一被割裂。

越南是受中國文化感染很深的國家，歷代都同中國保持密切關係，淸代是每四年入貢一次。到十八世紀中葉，西方勢力開始侵入越南，法國的傳教士已在越南活動。越南一般人士十分崇拜孔孟，對於西方宗教的傳入，深爲不滿，常有仇殺教士的事發生。但法國武力强大，却是有遠見的越南人所深知的，嘉慶二十五年（一八二〇），越南中興命主嘉隆王臨終時，告誡其嗣統的國王，必須敬重法人，但決不可割尺寸之國土與法國。不幸他的後繼者，不瞭解本國所處的情勢，反變本加厲，仇殺法國傳教士，遂予法人以侵略的口實。

同治元年（一八六二），法國乘戰勝中國之餘威，兼以清廷有太平軍之亂，復新敗於英法，乃揮兵攻越南，強迫訂立「法越西貢條約」，其要點爲：（一）割下交趾三州與法國。（二）許傳教與信教自由。（三）越南如割地與他國，必須先得法國同意。（四）賠款四百萬元。越人不滿，暗中進行反抗，同治六年（一八六七），法人再佔三州，下交趾遂全部爲法所據。

法人在越南取得據點後，欲由此伸展其勢力於中國西南，不久發現由紅河可通航雲南，遂啓侵佔越南北圻的野心。同治十三年（一八七四），法越因法人販私鹽問題，引起衝突，法軍陷河內，迫越王與之訂立「第二次西貢條約」，其要點爲：（一）法國承認越南爲獨立國。（二）越南外交由法國主持。（三）法人可航行於紅河。法國既否認中國宗主權，次年，正式通知中國，並要求在雲南通商。清廷並不在意宗主權之被否認，因按照中國傳統觀念，祇要越南沒有否認是中國的藩屬便可，他們不知道按照西方的國際法，宗藩關係是須國際承認的。

光緒四年（一八七八），歐洲爲解決土俄問題，召開柏林會議，德相俾士麥（Bismarck）勸法國代表放棄收復亞、洛兩省失地的念頭，如欲在海外發展，德國願爲之助。法國頗以爲然，乃積極展開對越南的侵略。光緒六年（一八八〇），法國藉口越南未履行條約將紅河開放，欲由法國出兵代越南肅清紅河的「匪類」。適曾紀澤在俄國，得悉法人野心，乃向法外部提出抗議。翌年（一八八一），曾紀澤向總署建議應付越南問題辦法數點：（一）越南派代表長期駐北京。（二）越南派人到法國任中國使館隨員。（三）通知越南不可輕與法人立新約。（四）令越南以服從中國命令爲言，開放紅河。（五）越南應設法除盜，力不足則求助於中國。（六）越南應嚴束士民，勿予法人口實。李鴻章對這些建議不能採納，尤其反對開放紅河一點，認爲無異「引虎入室」。曾紀澤的計劃旣未實行，中國失去主動地位，法國則步步進偪，欲派兵剿滅紅河的盜匪。

阻碍開放紅河的所謂盜匪，卽是劉永福同他所統率的「黑旗軍」。

劉永福，廣州欽州人，家貧，於咸豐七年（一八五七）時參加廣東反抗淸政府的組織，失敗後率領部衆逃入越南，用黑色旗，故稱黑旗軍。當中法爲越南問題初起爭執時，劉坤一便建議要越南招撫劉永福，用黑旗軍作抵抗法人的準備。雲貴總督劉長佑更請「皇上密諭越王，信用其人，給與兵食，並由臣等潛爲聯絡，喻以忠義，亦可以效指臂而助聲威。」事實上黑旗軍的力量並不如大家所想像的强大，他們人數不過二千，亦無新式槍礮。

光緖八年（一八八二），李鴻章與法使寶海（Bourée）在天津擬定解決越南問題的草約三款：（一）中國撤退滇桂邊境的軍隊，法國聲明決無侵佔越南領土與貶削越王權力之意。（二）開保勝爲商埠（地在越境），中法在此貿易，中國可視保勝如在中國境內無異，立關抽稅。（三）中法分界保護越北自治。方李、寶天津協議時，主事唐景崧相信劉永福「志堅力足，非獨該國之爪牙，亦我邊徼之干城。……前河內之捷，海島聞之，至今夷見黑旗，相率驚避，正宜獎成名譽，藉生強敵畏憚之心。」一依賴黑旗軍作「干城」的人士甚多，對李鴻章所訂之約，當然不滿。法國亦以寶海未達到預期之目的，次年（一八八三）將其撤國，否認草約。另派駐日公使托理固（A. Tricou）為全權大臣到中國交涉，一面作軍事行動之準備。時李鴻章在原籍（合肥）葬母，朝廷命其赴上海與法使會議，托理固因李鴻章無會商越事之全權，故會議無結果而罷。上海會議結束後，法軍即大舉向越南進攻，陷順化，強迫訂立「順化條約」，使越南成為法國之保護國，法人管理其內政外交，並可駐兵越南各地。消息傳來，中國朝野大憤，主戰派慷慨陳辭，力倡武力援越。獨恭親王與李鴻章不贊成輕啓釁端，主張用外交方式解決越南糾紛，但暗中令滇出兵越南北圻，並接濟黑旗軍抗法。

順化條約訂立後，法使托理固至天津與李鴻章交涉，欲中國承認順化條約，另訂中越邊界，剿除黑旗軍。李鴻章主張以北緯二十度為界（紅河流域全屬中國），法人主張以北緯二十二度為界，爭持未決。時朝中主戰派氣燄正熾，李鴻章不敢毅然負起和議責任。法人乃決定用武力貫徹其目的，向黑旗軍進攻。視劉永福為「邊檄干城」的唐景崧，早受命與劉永福聯絡，在軍中已住八月之久，他所著的「請纓日記」，對這一次戰役的敍述頗為翔實。黑旗軍雖忠勇，然双方武器懸殊，一旦正式交鋒，自不能敵。次年（一八八四），法軍乘勝進攻駐北寧的清軍，又大敗之，至是越北已大部淪於法人手中。

北寧戰敗之訊傳到朝廷，慈禧太后乃將主持中樞大政二十餘年的恭親王及其他軍機大臣寶鋆、李鴻藻、景廉、翁同龢等五人，同時罷黜，另以貝勒奕劻接管總署（卽後日之慶親王），軍國大政與醇親王會商。恭親王等人被罷黜之後十日（一八八四年四月二十二日），法國海軍將官福祿諾(F. E. Fournier)到天津，李鴻章認爲：「與其兵連禍結，日久不解，待至中國餉源潰絕，兵心民心動搖，或更生他變。似不若隨機因應，早圖收束之。」朝廷批准他這項原則，於是李、福訂立簡約，以消釋一觸卽發的中法戰爭。約中規定：（一）中國不再過問法越之間所訂的條約。（二）法國應尊重中越邊界，不得侵佔繞越。（三）不索賠款。（四）限三月之內，兩國另派員按上述原則，會議詳細條款。

「李、福簡約」議妥後，法國卽要求華軍自越南全部撤回邊界，李鴻章未將此事報告朝廷，僅電通知粵桂督撫「相機酌辦」。及法國派兵巡查越北邊境，雙方遂起衝突，華軍以未奉撤退之命，法軍來攻，自然抵抗，法軍以爲華軍已奉退兵之命，輕率進攻諒山，不勝，且有傷亡。法使巴德諾(Patenôtre)竟因此責中國違約，要求賠償軍費。其實按照國際慣例，該約未經兩國政府批准，自無約束力，何況約中亦無撤兵期限，法軍貿然進攻，傷亡自是應得之懲。

諒山之捷，使清廷態度轉趨強硬，命令桂撫潘鼎新「按兵固守，如彼來尋釁，卽與決戰」。同時命兩江總督曾國荃到上海與法使談判，法方堅持賠款，曾國荃允賠五十萬兩，巴德諾要求增加，視此區區之數爲「笑柄」。清廷亦申飭曾國荃「於事無補，徒貽笑柄」。延宕至八月三日（一八八四），法使照會曾國荃和談限期已滿，今後將自由行動。

所謂自由行動即是用海軍監視福州，砲轟臺灣基隆。消息傳到北京，清廷大憤，八月十八日下諭沿海各省備戰，並稱「不日當明降諭旨，聲罪致討」，並電駐法公使李鳳苞離法赴德，以示絕交。令下之後五日，法將孤拔（Courbet）率艦隊攻馬尾，中國海軍猝不及防，兩小時之間，閩江內中國海軍，全部沈毀（法艦實力超過閩江海軍一倍）。旋復佔領基隆、淡水。時臺灣巡撫劉銘傳所調之兵不足三千，無力防守，中國欲增援亦無力。此時和議復起，醇親王奕譞擬和平條件八款，介曾紀澤向法國提出。其內容大致爲法軍自基隆撤退，華軍暫駐越北，越南仍向中國入貢，法國祇可與之通商，不得干涉其內政；中越邊界南拓至諒山、保勝一帶；中國不向法國要求賠款。這個類似戰勝國向戰敗國提出的條件，未免唐突，但由是可見恭親王去職後，中樞主政人士的見識。法國的條件是履行李、福簡約，賠款後撤回佔領臺灣法軍。往返磋商，雙方距離過遠，迄無結果。

翌年（一八八五）三月，法軍進攻越桂邊境要塞鎮南關，守軍潰敗，廣西提督馮子材，率兵來援，身先士卒，大敗法軍，乘勝克復鎮南關，並收復諒山，法將尼格理（De Negrier）受重傷。法國聞敗訊，人心不安。適英法因埃及問題，關係惡化，復懼德國躡其後，乃決定議和。清廷因法人踞臺灣、澎湖、攻取無力，亦願放棄藩屬越南，以求保全國土。四月，中國海關職員金登幹（J. D. Campbell）奉命在巴黎與法訂簡約：（一）中國遵守李、福簡約。（二）法國取銷臺灣封鎖。（三）法遣使到中國詳議和約，華兵自越北撤回。

簡約成立，清廷下命在越軍隊撤歸國境，前線將士及主戰最力的張之洞等人，均表反對。李鴻章特別向張之洞解釋何以前線得勝反而委曲求和的苦衷。他說：

現在桂甫復諒，法即據澎（法軍於諒山敗後便佔澎湖）。馮、王若不乘勝即收，不惟全局敗壞，且恐孤軍深入，戰事益無把握。縱再有進步，越地終非我所有，而全臺隸我版圖，接斷餉絕，一失難復。彼時和戰兩難，更將何以爲計。

就當時的形勢與中法兩國的實力而言，李鴻章爲全局着想，即時議和是很難非議的。惟他於越事初與時不能接納曾紀澤由中國採取主動開放紅河的建議，在上海時復不願挺身負責與托理固交涉，致使和戰不定，勞師糜餉，實在責無旁貸。

法國得到越南之時，英國亦乘機對中國另一藩屬緬甸動手。

緬甸自清高宗以來便臣服中國，每三年入貢一次。自英國勢力伸入印度後，英緬之間便時有衝突。道光初年（一八二六）英人以海軍攻佔仰光，直偪緬京，緬王被迫割地賠款求和。此後英緬仍常有爭執。至清文宗初年（一八五二），英軍再攻緬甸，將其南部富饒之區全部佔領。時雲南有回亂，緬甸因交通斷絕未入貢，淸廷不知實情。光緒元年（一八七五）煙臺條約訂立後，李鴻章始注意緬事，向英使聲明緬甸乃中國屬國，中國可調解英緬爭端，英人未予置理。光緒十年（一八八四）緬王欲聯合法國抗英，英人爲先發制人計，突進兵直偪緬京，俘虜緬王，次年，佔領全緬甸。再次年（一八八六）英使與中國訂約，中國承認緬甸在事實上屬於英國，但名義上仍保持上國的地位，緬甸每屆十年向中國朝貢一次。緬甸倂於英後，滇緬邊界問題迄無法解決，英人乘淸吏無暇顧及時，侵佔滇邊片馬、江心坡、班洪等地，直到民國三十年（一九四一）第二次世界大戰爆發後，始劃定滇緬分界。

印藏邊境的小國哲孟雄、不丹、尼泊爾等亦中國屬國，英國既倂緬甸，便思染指。光緒十六年（一八九〇）英國強迫淸廷承認哲孟雄爲英保護國，更進而將不丹、尼泊爾置於其勢力之下。英法各據越南、緬甸後，爲避免利害衝突，兩國於光緒十九年（一八九三）允許中國屬國暹羅獨立，並片面廢止入貢中國的舊例，臣服中國五百餘年（明太祖時暹羅斛國入貢，太祖封其主爲暹羅王）的暹羅遂脫離中國。

從此，中國西南藩籬盡撤，屏障全失，大淸帝國四周的衞星，祇剩下一個朝鮮了。

本章主要參考書

同治朝籌辦夷務始末。
平定羅刹方略，見朔方備乘。
張鵬翮：奉使俄羅斯日記。
何秋濤：尼布楚城考。
魏源：聖武記。
李文忠公全集。
曾惠敏公奏疏。　即曾紀澤奏疏。
伊犂定約中俄談話錄。
唐景崧：請纓日記。
中法交涉史料。
張文襄公全集。　即張之洞全集。
劉忠誠公書牘。即劉坤一書牘。
蔣廷黻：近代中國外交史資料輯要，中冊。

第八章　第一次中日戰爭

第一節　朝鮮問題

咸豐三年（一八五三），一向承受中國文化閉關自守的日本，在美國艦隊司令潘理（Perry）武力脅迫之下，簽訂「神奈川條約」（一八五四），開商埠與西方各國貿易。如同中國一樣，大多日本人，都反對通商，排斥「夷人」。英法聯軍入北京之後兩年（一八六二），日人殺死英人一名，英國海軍砲轟鹿兒島，日人纔感受到西洋武力的利害，開始追求西方科學技藝知識，遣派留學生出國遊學。同治六年（一八六七）日皇明治卽位，竊據大權的德川幕府及各地藩主，在日人「尊王攘夷」的輿論嚴促之下，將中央與地方的權力全部交還日皇，於是日本始成爲一個統一的國家。

政權統一後的日本，鑑於中國拒絕接受西方文明所遭逢的慘運，所以銳意西化，同時也便打定主意要對外擴張。初步對外發展的方向有二：一是中國大陸，一是南洋羣島；進行前者必須佔領朝鮮，進行後者必須佔領臺灣；無論如何，都得與中國正面衝突。

同治十二年（一八七三），日外務卿副島種臣藉與中國換約之便（見第七章第一節），到北京一探虛實，發現清廷官員仍然墨守中國傳統的宗藩觀念，尙未接受西洋國際法上的宗藩觀念，認爲有機可乘，乃決定先向臺灣下手。臺灣事件是因琉球問題而起。按琉球自明初即臣屬中國，一直入貢不絕。復以地鄰日本，勢力不敵，亦向日本進貢。這種情勢，日本早知道，中國却茫然。適臺灣山地人（即當時所謂「生番」〕對各國航海失事漂流到臺的人士，時有殺害之事發生。同治十二年（一八七三），琉球人及日人漂至臺灣被害者數十人（日人四名），日人便欲藉此興兵。一面封琉球爲藩王，並照會各國以取得國際上之承認，一面由副島種臣向清廷詰詢水手被害之事。清廷答以「生番係化外之民，未便窮治」。日人憑着這句話，便解釋爲可以自由行動。時日本國內正因朝鮮拒絕與日通商之事，羣情洶洶，大唱「征韓」之論。明白國際形勢的日人，力加勸阻，但仍不能平息武士們的氣燄。爲了調和國內的紛爭，日政府乃採兩面政策：同治十三年（一八七四）遣西鄉從道率兵三千攻臺灣，如果中國因此對日嚴重交涉，或引起國際干涉，日政府可諉稱此係個人行動，與日本政府無干；若清廷態度軟弱，各國不嚴責日本的侵略行爲，則由日政府出面，伺機行事。

日軍進攻臺灣的消息，英國首先通知總署，清廷乃派沈葆楨率兵萬餘赴臺，英美等國亦不以日本此舉爲然。日人以萬一引起中日大戰，軍事殊無把握，遂遵從英國調停，雙方議定由中國償撫邺銀十萬兩，貼補日軍在臺房屋修建費銀四十萬兩，並承認日軍是「保民義舉」，日軍自臺撤退。清廷對日讓步的理由，事後大學士文祥有所說明：

夫日本東洋一小國耳，新習西洋兵法，僅購鐵甲船二隻，竟敢藉端發難。而沈葆楨及沿海疆臣等，僉以鐵甲船尙未購妥，不便與之決裂，是此項之遷就了事，實以製備未齊之故。若再因循泄沓，而不亟求整頓，一旦變生，更形棘手。

臺灣事件在日本而言，是一項重大的勝利，日本得初嘗武力侵略的甘味。得到這次的鼓勵，此後便邁步向外擴張，一直繼續七十一年（民國三十四年止），亞洲，甚至世界，從此更加多事了。中國在這次事件中，除掉被日本探淸底細外，還輕易送掉藩屬琉球，所惟一的「收獲」是從此開始興建海軍，以對付這個新興的敵人。

日本在臺灣事件中嘗得甜頭後，馬上轉向經略朝鮮。

朝鮮同日本一樣，都是受中國文化薰陶極深的國家，在歐勢東侵後，日本已極機敏放棄中國文化而急起直追西洋文化。朝鮮則仍抱殘守闕，不與外界接觸。在日本明治維新以前，日韓關係由對馬島藩主作轉介，藩主對朝鮮國王執禮甚恭，雙方相安無事。及日人實行新政，遣使赴韓（一八七一），使臣身穿洋服，已令韓人視爲不倫不類；復用「皇上」名義詔書，更使韓人覺得荒唐。是時韓王李熙年幼，由生父李昰應攝政，稱號大院君。大院君頑固守舊，對日本維新早已深表不滿，日使的表現既如此，故下令斷絕兩國通商，韓人與日人交往者處死刑。日本以爲受辱，遂有所謂「征韓論」起來。副島種臣到北京時（一八七三），便以中國是否管理朝鮮內政外交的話向淸廷探詢。總署的回答自然是朝鮮雖爲我藩屬，但向不過問其內政外交的那一套老話。

光緒元年（一八七五），侵臺事件解決後之一年，日本派軍艦到朝鮮沿海測量水位，居心叵測。日艦停泊江華灣，派日兵乘小艇入漢江窺探，爲朝鮮礮台守兵轟擊，日艦還礮，毀礮台，消息傳到日本，征韓論者之勢大熾，欲乘勢攻韓。伊籐博文等人以日本羽毛未豐，不可輕舉妄動，力加阻止。乃派森有禮到北京，表面上請中國調解日韓糾紛，實則試探中國態度。在知道清廷已無意積極干涉日韓問題後，便遣黑田清隆率軍艦到朝鮮，直接威迫韓國。方李鴻章等人正與森有禮辯論朝鮮是否中國「屬邦」的問題時，黑田清隆已用武力屈服韓國，訂立「日韓江華條約」（一八七六），其要點爲：（一）朝鮮爲自主之邦。（二）朝鮮開商埠兩處。（三）日人在商埠享有領事裁判權。日本、朝鮮均將條約通知中國，清廷並不介意，因爲他們認定祇要朝鮮承認是屬國便滿足了。

光緒五年（一八七九）中俄關係緊張萬分，日本乘機廢琉球王置冲繩縣。清廷已不能再對朝鮮問題熟視無覩，恭親王等人認爲「日本恃其奸詐，雄視東隅，前歲臺灣之役，未受懲創。今年琉球之廢，益張氣燄。臣等以事勢測之，將來必有逞志朝鮮之一日。即西洋各國亦必有羣起而謀朝鮮之一日。」所以他們主張開放朝鮮，讓各國與朝鮮發生關係，使「日本不致無所忌憚」。但韓國守舊派仍堅持已見，不願與西洋立約，李鴻章曾兩次函勸，均無效果，韓使金允植竟稱：「與其通洋而存，不如絕洋而亡」，其偏激如此，可謂驚人！

但環境偪人，朝鮮欲閉關自守已不可能。光緒七年（一八八一），大院君失勢，以王妃閔氏爲中心的新黨，逐漸當權，欲維新自强。翌年，李鴻章派周馥、馬建忠等人與美海軍將官薛斐爾（R. W. Shufeldt）會議美韓通商事宜（韓王請中國代主持此事），訂立「美韓通商條約」。並由韓王照會美國總統稱：「朝鮮素爲中國屬邦，而內治外交，向來均由大朝鮮國君主自主」。這是中國在彌補江華條約的損失。此後英德諸國，均用同一方式由中國介紹與朝鮮成立商約，中國在朝鮮的宗主權，總算在表面上爭回來了。

美韓條約訂立後不滿兩月，朝鮮便發生政變。按自韓王親政後，屬於大院君的舊派，與閔妃引用的親日派人士，互相對立。適韓政府減發士兵薪餉，引起怨望，大院君乘機鼓煽，變亂遂生。光緒八年（一八八二）七月，亂兵暴民闖入宮中，欲殺閔妃未得，轉而攻擊日使館，日武官多人遇害，日使花房義質逃歸。日本乃派軍艦赴韓，大院君既重掌政權，日本無從與之談判，故形勢緊張，戰爭有一觸卽發之勢。時李鴻章丁憂在籍，朝廷命其速卽北上，處理朝鮮事變。代理李鴻章職務的張樹聲亦立刻行動，派吳長慶率海陸軍赴韓，首先誘執大院君連夜送到中國拘禁，然後捕殺亂黨，亂事迅速平定。俟日兵到朝鮮時，已無事可作。韓王恢復政權後，派人與日使會議，訂立「日韓濟物浦條約」（一八八二），由韓國懲兇、賠款（五十五萬兩銀）、道歉，日本並得駐兵保護使館。事變發生於壬午年，故世稱「壬午事變」。

壬午事變之發生，使中國對朝鮮問題更加警覺。是年十一月，李鴻章統籌朝鮮問題，向朝廷提出數事，其要點爲：（一）中國派商務委員駐紮韓國。（二）代朝鮮練兵。（三）駐兵朝鮮以防日本。（四）增强中國海軍實力。（五）加强遼東防務。（六）防止俄國勢力侵入朝鮮。這幾點意見大致都一一推行。李鴻章荐德人穆麟德（P. G. Von Möllendroff）爲韓國改良海關，並由吳長慶所部軍官袁世凱代朝鮮訓練軍隊。

兩年後（一八八四），中法戰事緊急，日本駐韓公使竹添進一郎認爲中國無暇他顧，乃暗中策劃政變。聯絡親日派（開化黨）金玉均、洪英植、朴泳孝等人，藉郵局成立典禮，邀請各國使節及朝臣赴宴（竹添稱病未到）。宴終突率日人所訓練之韓兵暴動，刺殺守舊派人士，衝進王宮，挾制韓王下詔請日兵入衞，矯詔殺大臣數人，並宣佈獨立。事變後兩日，袁世凱、吳兆有等率所訓練韓軍兩營及駐韓清軍進攻王宮，血戰竟日，竹添知勢不敵，乘夜率兵潛回使館。韓人憤日兵之助亂，大肆報復，竹添以事已失敗，自焚其使館以毁滅合謀的證據，率兵逃仁川。金玉均、朴泳孝、徐光範等人在日人保護下，逃往日本。這次政變，世稱「甲申之亂」。

日政府以竹添畫虎不成，反使日本爲國際輿情所非難，祇得將其召歸，另派員與朝鮮訂立「漢城條約」，由朝鮮賠款銀十三萬兩，並向日道歉了事。日本同時向中國表示決無啓釁之意。次年（一八八五），日本派伊藤博文到天津，與李鴻章會商，成立「天津條約」，規定中日兩國軍隊均自朝鮮撤退，由韓國自練軍隊，此後韓國有事，一國出兵時，應通知締約之國，事後仍應撤退。此約爲九年後中日戰爭伏下一導火線。

是時英俄兩國正因阿富汗問題衝突，英國爲防俄人自海參威南下擾香港，突佔領朝鮮東南海的巨文島（Hamilton），俄人則圖朝鮮的永興灣。韓國海關監督德人穆麟德爲執行其本國政府助俄向遠東發展的政策，暗中慫恿朝鮮君臣聯俄以拒他國。韓王心動，秘密派員赴海參崴請求俄國保護。日本探得此項消息，深恐朝鮮落入俄人手中，於彼不利，乃轉而建議中國加强對朝鮮之控制，以防俄國，英國對此亦有同感。於是中國便得於國際的矛盾局面下，在朝鮮推行積極政策。從此朝鮮的內政外交，全部受中國控制，直到「甲午戰爭」爆發爲止，在朝鮮負責執行這項工作的人，便是袁年方二十餘歲的袁世凱。

第二節　日本戰勝李鴻章

中國在朝鮮的積極經營，逐漸引起日本的嫉妒，何況這十年間日本陸海軍實力已大增强，自躍躍欲試。光緒二十年（一八九四）朝鮮「東學黨之亂」，恰好給日本造成一個奪取朝鮮的機會。

東學黨是一種民間半宗教性的會黨組織，所謂「東學」，是合儒、釋、道爲一體之學。早在同治年間西方勢力初入侵時，便已形成，旋卽爲韓政府所鎭壓。甲申之亂後，韓國君臣仍不覺悟，政治腐敗，財政困難，日甚一日，東學黨遂乘勢而起興兵作亂。韓政府不能平，乃正式請求中國出兵，中國派兵一千五百赴韓，並照會日本。日本立卽遣派大軍七千餘到韓京。東學黨聞中日均派兵到臨，紛紛作鳥獸散。亂事旣平，中國要求日本同時撤兵，日人不理，反陸續增兵，蓄意挑起釁衅。但日本這種行動，在國際觀感上，頗居於不利地位，其外相陸奥宗光乃提出中日兩國共同改革朝鮮內政的建議，如中國不接受此項共管朝鮮的辦法，日本決意單獨行動。

陸奥宗光的策略十分有效，中國堅持日本先撤兵再談韓事，日本則抱定朝鮮內政未改革以前，決不撤兵的態度。並利用往返爭論的時期，作戰爭的準備。李鴻章最初信任俄使喀西尼（Cassini）的話，以為俄人將出面干涉，故對軍事未作積極部署；到日俄已有諒解，日本對俄保證決不侵犯朝鮮領土後，俄使便以「只能以友誼勸日撤兵，但未便用兵強勒日人」的話通知中國了。日本在軍事上與外交上的布置均成熟後，乃於七月二十三日用兵佔領朝鮮王宮，強迫韓王宣言獨立，廢除中韓間一切條約，同時在朝鮮海面擊沈中國運兵船，並進攻牙山之華軍。八月一日，兩國均下詔宣戰。

中國陸軍在韓境平壤一帶佈防者，不過一萬五千餘人，日軍以四萬以上兵力進攻，衆寡懸殊，加以指揮權事不一，遂為日軍所敗。日軍渡鴨綠江，連陷九連、鳳凰、旅順、大連等地。九月，海軍主力北洋艦隊復敗於黃海，退守威海衞，日軍攻陷山東榮城，繞攻威海衞後路，海軍提督丁汝昌自殺，北洋艦隊全部消滅。至是，中國已告戰敗，祗得求和。

日本不意中國如此不堪一擊，野心大增，對中國迭次所提和議，均藉故拖延，欲獲得較多之戰果，以求議和條件之更爲有利。光緒二十一年（一八九五）三月清廷在軍事上已頻於絕境的時候，祇得徇日人之要求，遣派李鴻章赴日談判和平，四月十七日「馬關條約」成立，中國爲了保有最後一個藩屬不得，反受到極嚴重的損失。

（一）朝鮮獨立。

（二）割遼東半島、臺灣、澎湖列島與日本。

（三）賠款銀二萬萬兩。

（四）允許日本人民在中國各通商口岸從事商業工藝製造。

（五）凡西洋各國在中國所獲得的各項特權日本均得享受。

其中割讓遼東部份，與俄國侵略中國的利益相衝突，故俄欲聯合德法出面干涉。日本則表示英國可佔舟山，俄國可佔「北滿」，德國可取沿海一島，以求保有遼東。惜日人慷他人之慨的政策未生效果，俄國不僅視整個東北三省爲其禁臠，且欲染指朝鮮。日本偪於實力，被迫將遼東歸還，由中國出銀三千萬兩爲交換條件。

臺民聞臺灣割日，羣情激昂，由巡撫唐景崧，總兵劉永福領導抗日，日軍率兵進攻，經過激戰後，始佔領全島。甲午戰爭至是結束。

中國之敗於日本，事前若干熟悉遠東內情的西方觀察家，大致都已料到。日本自信能勝中國，但不意其勝如此之易。中國則除極少數人瞭解敵我强弱形勢，知道戰事實無獲勝把握者外，舉國上下，莫不認爲倭人，實不堪一擊。及到中國海軍陸軍，均告敗績，大家並不面對現實作一反省，却將戰敗之罪，全部諉之李鴻章一人。御史安維峻「劾疆臣跋扈疏」所敍事實，雖未爲朝廷採納，然傳誦一時，朝野濟濟多士，咸將安維峻看作直言極諫的英雄。現在且將這篇文字錄在下面，以見當時大家腦中的觀念。安疏謂：

> 竊李鴻章平日挾外洋以自重，今當倭賊犯順，自恐寄頓倭國之私財付之東流，其不欲戰，固係隱情。及詔旨嚴切，一意主戰，大拂李鴻章之心。於是倒施逆行，接濟倭賊煤米軍火，日夜望倭賊之來，以實其言。，而於我軍前敵糧餉火器，則有意勒指之。有言戰者，動遭呵斥。聞敗則喜，聞勝則怒。淮軍將領，望風希旨，未見賊先退避，偶遇賊即驚潰。
>
> 李鴻章之喪心病狂，九卿科道亦屢言之，臣不復贅陳。惟葉志超、衛汝貴均以革職拿問之人，藏匿天津，以節署爲逋逃藪，人言嘖嘖，恐非無因。而於拿問之丁汝昌，竟敢代爲乞恩，並謂美國人有霧氣（意謂蒸氣機）者，必須丁汝昌駕駛，此等怪誕不經之說，竟敢直陳於君父之前，是以朝廷爲兒戲也。而樞臣中竟無人敢爲爭論者，良由樞臣暮氣已深，過勞則神昏，如在雲霧之中。霧氣之說，入而俱化，故不覺其非耳。
>
> 張蔭桓、邵友濂爲全權大使，尚未明奉諭旨，樞臣亦明知和議之擧，不可對人言，既不能

以生死爭，復不能以利害爭，只得爲掩耳盜鈴之事，而不知通國之人，早已皆知也。

倭賊與邵友濂有隙，竟敢索李鴻章之子李經芳爲全權大臣，尙復成何國體。李經芳乃倭逆之婿，以張邦昌自命，臣前已劾之。若令此等悖逆之人前往，適中倭計。倭賊之議和，誘我也。彼既外强中乾，我不能激勵將士，決計一戰，而乃俯首聽令於倭賊，然則此擧非議和也，直納款耳。不但誤國，而且賣國。中外臣民，無不切齒痛恨，欲食李鴻章之肉。

而又謂和議出自皇太后，太監李蓮英實左右之，此市井之談，臣未敢深信。何者，皇太后既歸政皇上，若仍遇事牽制，將何以上對祖宗，下對天下臣民。李蓮英何人，斯敢干政事乎？如果屬實，律以祖宗法制，李蓮英豈復可容。惟是朝廷受李鴻章恫喝，不及詳審；而樞臣中或係私黨，甘心相左；或恐李鴻章反叛，姑事調停；而不知李鴻章久有不臣之心，非不敢反，直不能反。彼之淮軍將領，類皆貪利小人，絕無伎倆。其士卒橫被尅扣，皆已離心離德。曹克忠天津新募之卒，制李鴻章有餘，此其不能反之實在情形也。若能反早反矣。既不能反而猶事事挾制朝廷，違抗諭旨，彼其心目中，不復知有我皇上，並不復知有我皇太后，故敢以霧氣之說戲侮之也。臣實恥之，實痛之。惟冀皇上赫然震怒，明正李鴻章跋扈之罪，布告天下，如是而將士有不奮興，倭賊有不破滅者，卽請斬臣，以正其妄言之罪。（二十一年二月）

這封奏章所敍述的事實，誰都知道「怪誕不經」的不是李鴻章，不過安維峻也是有根據的，並非憑空揑造。

光緒二十年（一八九四）十一月，戰事正緊張時，有人參奏天津船戶運米赴海口，被拆視其中非米而是火藥，上有督署關防，朝廷亦竟以此下諭質詢李鴻章。同時又有人報告津沽鐵路會辦吳懋鼎以米八千包接濟日軍，甚至「擧鐵路以與倭人，亦在意料之中」。類似這種消息，在當時層出不窮，此卽安維峻的「人言嘖嘖」也。將戰敗責任諉諸李鴻章一人，便可見當時大家仍然不承認中國會敗於日本。德宗的親信文廷式等五百餘人聯名劾李鴻章的奏章，最足代表這種思想。他們責備李鴻章「用一衞汝貴而百戰之淮軍化爲叛卒，用一丁汝昌而大梚之鐵甲盡屬漏舟。倭國國勢兵力不能與西洋各國同年而論，國債重而民力困，則根本未堅也。有快船而無巨艦，則武備不足也。兵出卒募，非素練之師也。權紛於黨論，非劃一之政也。東事之興，凡曾經陣戰之士，通曉夷情之人，莫不以爲螳臂當車，應時立碎，雖西人亦鑿鑿言之，而事竟有大謬不然者。」

被衆人指謫的李鴻章認爲「此次之辱，我不任咎也。」當中國海戰陸戰初挫於日時，他曾上書自辨道：

方倭事初起時，中外論者皆輕視東洋小國，以爲不足深憂。臣久歷患難，略知時務，夙夜焦思，實慮兵禍連結，一發難收。蓋稔知倭之蓄謀與中國爲難已非一日，審度彼此利鈍，尤不敢掉以輕心。凡行軍制勝，海戰惟持礮船，陸戰惟恃槍礮，稍有優絀，則利鈍懸殊。倭人於近十年來一意治兵，專師西法，傾其國帑購製船械，愈出愈精。中國限於財力，拘於部議，未能撒手舉辦。……無餉、無械、無兵……以北洋一隅之力，搏倭人全國之師，自知不逮。

所以他建議：「不存輕敵之心，責令諸臣多籌鉅餉，多練精兵，內外同心，南北合勢，全力專注，持之以久，而不責旦夕之功，庶不墮彼速戰求成之詭計。就目前（一八九四年九月）軍事而論，惟有嚴防渤海以固京畿之藩籬，力保瀋陽以顧東省之根本，然後厚集兵力，再圖大舉。」

純就軍事而論，李鴻章「我不任咎」的話是有理的。他自從日本侵臺之時起，即主張以日本爲假想敵擴張海軍。但自光緒十四年（一八八八）開始，海軍經費即被挪用修建頤和園以作慈禧太后歸政後遊樂之處，海軍從此未添置新艦。中日戰爭爆發前六個月（一八九四年二月），丁汝昌請求改裝鐵甲船鎮遠與定遠上的大礮，共需銀六十一萬三千餘兩，但海軍衙門一文莫名。兩個月後（四月）海軍大校閱，李鴻章發現缺點很多，再向朝廷提出暗示：

> 添置船艇，愼固陸防，推廣學堂，三端爲不刊之論。西洋各國以舟師縱橫海上，船式日異月新。臣鴻章此次在煙臺大連灣親詣英法俄各鐵艦詳加察看，規製均極精堅，而英尤勝。即日本蕞爾小邦，猶能節省軍費，歲添巨艦。中國自十四年（一八八八）北洋海軍開辦以後，迄今未添一船，僅能就現有大小二十餘艘勤加訓練，藉慮後難爲繼。

這番話說後不到五個月，中國海軍敗於黃海。西洋旁觀者也認定，日艦多係新購，速度每小時超過華艦三海里至五海里，速率相差過大，是海戰失敗的關鍵。

李鴻章所建議集全國之力以進行持久戰的計劃亦不爲當局所採納。其甚者竟坐觀成敗，漠不關心。美國傳教士林樂知（Young Allen）所著「中東戰紀」敍述中國海軍分爲北洋、南洋、閩洋、粵洋四支，彼此互不相統屬，「若彼秦越人之肥瘠，漠然不加喜戚於其心。」該書紀有一事，足證李鴻章所求「內外同心，南北合勢」之不可能：

中國降日十艦中，有廣丙一船。實緣甲午春間大閱海軍之故，連同廣甲、廣乙二艦，自南方徼調會操者也。迨操畢，而戰氛忽起，遂卽併入北軍以壯海國之聲勢。六月二十三日（七月二十五）廣乙護送高陞輪船載兵往牙山，遇敵火攻，全船灰燼。八月十八日（九月十七）鴨綠江之戰，廣甲逃囘大連，中途擱於沙磧，亦復付諸波臣。廣丙則獨存。華人憐甲乙而重丙，此亦情理之常。然自外人觀之，則與定、鎭諸艦，同於一邱之貉而已。乃牛道（䄉䣾）致書伊東提督（日本受降之海軍將官）時，忽間以數語云：「廣甲、廣乙、廣丙三艦，向隸廣東，冠以廣字，可爲證明。查廣東一省，本與戰事不相干涉，今甲、乙遭水火之刼僅存一丙，北洋已無以對廣東。望貴提督念廣東爲局外之義，並念該艦管帶官張副將，日來有往返傳語之勞（按所謂張副將，卽程某人），可否提出該艦，卽交與該副將帶囘廣東，俾得於總督前略存體面，不勝感激。」

這樣事情，自然要「萬國譁傳，引為笑柄。」宜乎西人要說：「從一義言，非中國與日本戰，實李鴻章與日本戰。」以李鴻章一人而戰日本三千萬人，勝負自是分明。

第三節　船堅礮利政策的失敗

議和之重任亦由李鴻章一身負其全責。方海陸軍初敗，慈禧命翁同龢轉達旨意與李鴻章，囑其請託他國調停和議，翁同龢不願談和議以遭舉世詬駡。及日軍陷威海衞、遼東半島，北京危如壘卵之時，李鴻章始奉命赴日本作城下之盟，其使命之艱鉅，不計個人毀譽的犧牲精神，與其他放言高論以邀名阿世的士大夫相較，自不可同日而語。

光緒二十一年（一八九五）三月二十日，李鴻章與日總理伊藤博文首次會議於馬關，日外相陸奧宗光參預此項會議，據他記錄：

李鴻章與伊藤總理係舊相識，故私人談話，互數小時之久云。彼不似古稀以上之老翁（時年七十三歲）狀貌魁梧，言談爽快，曾國藩謂其「容貌詞令，足以服人」，誠屬確評。然此次使命，彼立於一切不利之地位。彼此會談中，伊藤總理謂：「曩者中國張邵兩使來時，不特其携帶之全權委任狀不完全，且當時中國尚無眞實求和之誠意，故使命歸於無效」。彼答云：「若中國無切望和睦之誠意，當不命余當此重任，余不感嫌和之必要，亦不敢當此重任。」暗指自己之身分，以博我（日本）之信任。彼又謂：「中日兩國為亞細亞洲常被歐洲強國猜疑之兩大帝國。且兩國人種相同，文物制度亦同，今雖一時交戰，不可不回復彼我永久之交誼。幸而此次干戈止息，則不特恢復從來之交誼，且冀更進而為親睦之友邦。抑在今日東洋諸國位置者，天下誰能出伊藤伯爵之右。西洋之大潮，日夜向我東洋注流，是非吾人協力同心，講防制之策，黃色人種結合以抗白色人種之秋乎！惟信此次交戰，當不礙恢復此兩帝國之天然同盟。」……更謂「此次戰爭，實獲得兩個良好結果：其一、日本利用歐式海陸軍組織，功績顯著，以證黃色人亦不讓於白皙人種。其二、依此次戰爭，中國覺醒其長夜夢，是實日本促中國自奮，以助其將來之進步，利益可謂宏大。故中國雖有多數怨恨日本，然余却多感荷。且中日兩國為東洋大帝國，日本有不弱於歐洲之學術知識，中國有天然不渴之富源，若將來兩國得相結托，則對抗歐洲強國，亦非難事。」（正式記錄中無此段文）

這一席話，確有眞知灼見，然戰勝之日人，正驕矜不可一世，自然聽不入耳。惟亦佩服其「縱橫談論，務引起我之同情，間以冷嘲熱罵，以掩戰敗者屈辱地位。」的談吐。對於這位「奉命異域，連日會見，毫無疲惓之容，可謂尙有據鞍顧盼之慨」的七十以上老翁，不勝推崇。

三月二十四日，日人竟於李鴻章議會返行邸時，持鎗狙擊之，登時暈絕。子彈入面頰，人均勸其開刀取出，而「李（鴻章）慨然曰：『國步艱難，和局之成，刻不容緩，予焉能延宕以誤國乎，等死勿割。』刺之明日，或見血滿袍服而言曰：『此血所以報國也。』鴻章潸然曰：『鎗予命而有益於國，亦所不辭。』（梁啓超記）和議成後詬罵蝟集，李鴻章曾因此寫信給新疆巡撫陶模，他說：

十年以來，文娛武嬉，釀成此變。平日講求武備，輒以鋪張糜費爲言，至以購械購船懸爲厲禁。一旦有事，明知兵力不敵，而淆於羣閧，輕於一擲，遂致一發不可收拾。戰絀而後言和，且值都城危急，事機萬分，更非平常交際可比。兵事甫解，謗訾又騰。知我罪我，付之千載，固非口舌所能分析矣！

探求失敗的原因，除於李鴻章個人自辨者撇開不論外，即以李鴻章而論，他也祇看到「平日不講求武備」；也認爲「倘使當時海軍軍費，按期如數發給，十年之內，北洋海軍船礮可甲地球矣。何至大敗！」其他朝臣，更無論矣。故無論衆人如何怨讟李鴻章，無論李鴻章如何爲他自己辨護，總之，他的事業是毀敗無成了。不僅是他個人的事業而已，甲午戰爭代表一個舊的時代——船堅礮利的自強運動時代，已經過去，一個新的時代即將到臨。馬關條約訂立的那一年，康有爲已經兩次公車上書，孫中山先生也組織興中會了。

本章主要參考書

李文忠公全集。以譯署函稿，朋僚函稿爲主。

王希隱：清季外交史料。

光緒朝中日交涉史料。

翁文恭公日記。　即翁同龢日記。

左文襄公全集。

故宮文獻館印：朝鮮國王來書。

陸奧宗光：日本侵略中國秘史。

張孝若：南通張季直（謇）傳記。

馬建忠：東行初錄。

　　東行續錄。

　　東行三錄。　記朝鮮壬午內亂事。

甲午戰事電報錄。

林樂知：中東戰紀本末。　記中日戰事頗確實，客觀。

馬關議和中日談話錄。

魯陽生：普天忠憤集。　輯一般吏民對中法，中日戰爭之反應。

蔣廷黻：近代中國外交史資料輯要。　中冊。

關於中日戰爭之西文書籍頗多，一般參考而論，以摩爾（Mores）清國外交史與馬克萊爾（MacNair）史料選讀兩書較易得。

第九章　發自民間的救亡運動

第一節　在野知識份子的猛省

明末清初大儒如黃宗羲、王夫之、顧炎武、顏元等人，有鑑於當時士風之流於虛憍空疏，間接造成明亡的慘禍，所以倡導經世致用，明道救世的學風，以矯正「束書不觀，遊談無根」的習尙。因此，清代的學者，在學術上淬礪精進，養成一種實事是求的科學治學精神，對古籍的整理與發揚都極有貢獻。但後世的學者，不能完全瞭解他們的苦心，逐漸走上支離瑣碎，「繁稱雜引，遊衍而不知所歸」的治學道路。加上滿淸以異族入主中國，對知識份子防範最嚴，動輒大興文字之獄，株連屠戮，殘酷有加。於是淸中葉以後，一般知識份子，除掉極少數（如曾國藩）外，大都謹守明哲保身的道理，埋首故紙堆中，不問世事，顧炎武那種「天下興亡，匹夫有責」的氣象，遂銷失殆盡。等而下之，祇知道作八股，躐祿位以光耀門庭的凡夫俗子，更不用談了。在這種士風下，故自鴉片戰爭，三千年大變局開始以來，我們看不見中國在野知識份子們曾經對國家民族的險象，有高度的警覺，作過有力的呼籲或具體的行動。卽使有之，也不過激於一時衝動，如郭嵩燾所云「無識之儒生」所掀起的敎案。此外如魏源、夏燮等人，算是在野士大夫中的翹楚，但他們那一點微弱的呼聲，並不能形成一個知識份子奮起救國家民族於危亡的運動。能够作一些事的，祇有在朝當政的少數明達之士，如曾、左、李、沈等人。甲午戰爭的慘敗，表示清政府已經無力負起拯救國家於危亡的責任，在朝當政的士大夫的救國工作既已全部證明失敗，而國家民族滅亡之機又迫在眉睫。於是在野的知識份子激於情勢的需要，再也不能瞻前顧後，遂奮臂而起，奔走呼號，希望由他們激起一個救亡運動，去代替業已失敗的由清政府所主持的自强運動。

馬關之恥後，中國知識份子以在野的地位，被時勢所迫而激起的救亡運動的第一聲即是「百日維新」，因爲主持的人物是康有爲及梁啓超，亦稱「康梁變法」，政變發生於戊戌年，又稱「戊戌政變」。

康有爲，廣東南海人，於咸豐八年（一八五八）生於一世代書香的家庭，幼時受祖父教育，治程朱之學，便立志欲作聖人。年十九，受業於同縣朱次琦，達六年之久。朱次琦死，便獨居山中，窮研經世致用之學數年，頗有所得。後遍歷南北，於香港、上海等地與西洋文物制度略事接觸，大受其政績與建設之感動，乃購買當時傳敎士所譯西洋法政史地等書讀之，始粗知西方政敎與世界大勢。光緒十四年（一八八八）入北京，上書陳時勢，主張「變成法，通下情」，但無人代奏。兩年後南歸，講學於長興，梁啓超等人從之學。康有爲以中國理學家之地位，而竭力提倡西學，自不免引起若干反對。故著「新學僞經考」與「孔子改制考」兩書（均剽竊時人廖平之著而成），以說明應變之理。其要義爲劉歆僞造古文經傳以佐王莽代漢；孔子杜撰堯舜德政，實不過欲假託古代以改變當時的法制。他的結論是自古以來便常有變法之事，孔子亦爲一大改革家。這種理論的根據，多屬穿鑿附會，很難成立。但他想擡出孔子來鎭壓一般反對變法的守舊士大夫們的苦心孤詣，却是値得同情的。自康有爲發表這兩部書後，聲譽日隆，名震一時，但因此所樹的敵人，自然也隨之增加。

光緒二十一年（一八九五）中日馬關議和，康有爲、梁啓超正在北京會試，聞悉屈辱情形，羣情大憤。於是爲首聯絡各省應試擧人一千餘人，上書提出拒和、遷都再戰、變法自强、練兵等事，仍未上達。次年有爲中進士，再上書，力陳變法不可再緩，亦無人代轉奏。他的議論雖未爲朝廷所採納，但他所掀起的狂瀾，要在野的知識份子干預國家大政的壯擧，却是劃時代的。朝臣之中，大多數均不滿於康有爲，惟對他主戰一項，頗相契投，德宗的師傅翁同龢便是其中之一。不過正統的理學家如徐桐之流，則對之深惡痛絕。所以他雖然在北京成立「强學會」，刋發報紙，鼓吹變法，但附和的人極少。是年冬，康、梁以在北京不能有所作爲，乃南下。

這時各省較明達局勢的督撫，如兩江總督張之洞（不久卽調返湖廣）、湖南巡撫陳寶箴等人，亦亟謀振作，分別就其能力範圍以內，倡導新政。其他各地受國事危殆的刺激與乎康有爲等人的鼓吹，各種學會、學校、報館紛紛成立，全國風氣爲之一變。眞如李鴻章對伊籐博文所說「日本促中國自奮」了。

正在中國知識份子開始自覺，民間自動如火如荼的推行維新運動的時機，中國又遭遇到被列強瓜分的危機。

甲午戰敗後，列強眼看這個古老的大帝國已經毫無希望，再也顧不得什麼國際法那類虛套，祇是爭先恐後向中國攫取政治、經濟各方面的權益，竟和十九世紀處置非洲的情形差不多。

首先向中國開刀的是俄國。它以干涉還遼有功，向中國索取報酬，同時暗示中國派李鴻章赴俄慶賀俄皇尼古拉二世的加冕典禮。李鴻章到俄後（一八九六），立被俄人包圍，利用清廷防日的心理，與李鴻章訂立「中俄密約」，取得中東鐵路的敷設權。次年，德皇得到俄皇的默契，藉口山東曹州有德籍傳教士二人被害，逕自派兵將膠州灣佔領。俄人「聞訊」立刻佔領旅順、大連。中國用銀三千萬兩贖回的遼東半島，原來是為俄國準備的一珍佳餚。次年（一八九八），中國被迫將上述被佔領地方分別「租借」與德俄兩國。此例一開，遂不可收拾，跟着法國強租廣州灣，英國強租威海衞，到光緒二十五年（一八九九）止，中國沿海重要港灣，全部被租借出去了。當列強與中國訂立沿海港灣的「租約」時，都乘勢指定他們在中國的「勢力範圍」，在所謂勢力範圍之內的地方不得割讓與他國，勢力範圍以內的鐵路敷設權，礦產開採權，不得出讓與他國。就當時的情形而論，東北三省、內外蒙古與新疆是俄國的勢力範圍，山東是德國的勢力範圍，長江流域各省與西藏是英國的勢力範圍，福建是日本的勢力範圍，滇、桂、粵、川等省是法國的勢力範圍。中國被瓜分的形勢已經造成，所等待的，僅是一聲開刀，便可宰割了。

此時美國剛佔領菲律賓，對遠東局勢已很關心，英國以在中國經濟權益最大，不願中國被分割以致影響其商業利益，更不願因宰割中國而引起戰爭，於是由英國授意，美國國務卿海約翰（John Hay）遂發表有名的「門戶開放宣言」，其要點爲：

（一）各國在中國已劃定的勢力範圍，或其他既得權益均應互相尊重，互不相干涉。

（二）各國勢力範圍內之各港口，對於他國船舶所課之入港稅與鐵道運輸費用，應與本國船所課之入港稅及運輸費相等。

（三）各國勢力範圍內各港口之海關課稅，應一律遵照中國海關稅率，由中國政府徵收。

這些要點，是在打破各國在其勢力範圍內的經濟壟斷局面，使各國在中國獲得工商業的均等機會。附帶的也維持了各勢力範圍內的中國主權，使中國不致被瓜分。各國以此項宣言並不妨礙其既得利益，先後表示贊同。於是中國乃得在列强均勢的局面下，苟延殘喘。不過清廷要侍候許多主子，落到連殖民地也不如的次殖民地地位。

第二節　百日維新

當德國强佔膠州灣，瓜分危機初肇端的時候，康有爲痛心疾首，向皇帝上書，他說：

膠警乃其借端，德國固其嚆矢耳。二萬萬膏腴之地，四萬萬秀淑之民，諸國眈眈，朵頤已久。慢藏誨盜，陳之交衢，主者屢經搶掠，高臥不醒，守者袖手熟視，若病青狂。唾手可得，俯拾即是，如蟻慕羶，聞風並至，失鹿共逐，撫掌懽呼。其始壯夫動其食指，其後老稚亦分杯羹，並思一臠。昔安南之役，十年來乃有東事（甲午之戰），割臺之後，兩載遂有膠州。中間東三省龍州之鐵路，滇粵之礦產，土司野人山之邊疆，尚不計矣。自爾之後，赴機愈急，蓄勢益緊。事變之來，日迫一日，教堂遍地，無刻無可啓釁；礦產遍地，無處不可要求。骨肉有限，剝削無已。且鐵路與人，南北之咽喉已絕；疆臣斥逐，用人之大權亦失；寖假如埃及之管其戶部，如土爾其之柄其國政。樞垣總署，彼可派其國人，彼且將制其事命。鞭笞親貴，奴隸臣民，囚奴士夫，蹂躪民庶。

康有爲分析此後局勢演變的大勢，相當正確，其預測中國今後之命運，亦十分動人，最後他建議：

願伏皇上因膠州之變，下發憤之詔，先罪己以勵人心，次明恥以激士氣。集羣材咨問以廣聖德，求天下上書以通下情，明定國是與海內更始。自茲國事付國會議行，紓尊降貴，延見臣庶，盡革舊俗，一意維新。大召天下才俊，議籌款變法之方，採擇萬國律例，定憲法公私之分。大校天下官吏賢否，其疲老不才者，皆令冠帶退休。分遣親王大臣及俊才出洋，其未遊歷外國者不得當官任政，統算地產人工，以籌歲計預算。察閱萬國得失，以求進步改良。罷去舊例，以濟時宜，大借洋款，以舉庶政。詔旨一下，天下雷動，士氣奮躍，海內聳望。然後破資以勵人材，厚俸以養廉恥。停捐納，汰冗員，專職司以正官職。變科舉，廣學校，譯西書以成人材。懸清秩功牌，以獎新藝新器之能，創農政商學，以為阜財富民之本。改定地方新法，推行保民仁政：若衛生、濟貧、潔監獄、免酷刑、修道路、設巡捕、整市場、鑄鈔票、創郵船、徙貧民、開礦學、保民險、罷釐征。以鐵路為通，以兵船為護。夫如是則庶政盡舉，民心知戴。

這些建議，眞是包羅萬象。綜其要點，（一）實行君主立憲。（二）整頓吏治與財政。（三）實行新式教育政策。（四）興辦社會福利及振興工商事業。

次年光緒二十四年戊戌（一八九八）一月，他再提出設立十二局以統籌新政的計劃，希望皇帝效法俄國的大彼得與日本的明治。到這時纔有人向德宗推薦康有為，他的萬言書始上達。年少的德宗，自沖齡卽位以來，便受制於慈禧太后，抑鬱不得伸其志，又值國勢阽危，早有發奮圖強之心。既讀康有為歷次奏章及他所陳進的「日本明治政變考」、「俄國大彼得政變記」等書後，便決心不願作亡國之君，而思大加改革了。六月十一日，光緒下詔定國是稱：

數年以來，中外臣工講求時務，多主變法自強。邇者詔書數下，如開特科、汰冗兵、改武科制度、立大小學堂，皆經一再審定，籌之至熟，妥議施行。惟是風氣尙未大開，論者莫衷一是，或狃於老成憂國，以爲舊章必應墨守，新法必當擯除，衆喙嘵嘵，空言無補。試問時局如此，國勢如此，若仍以不練之兵，有限之餉，士無實學，工無良師，强弱相形，貧富懸絕，豈眞能制梃以撻堅甲利兵乎？

朕維國是不定，則號令不行，極其流弊，必至門戶紛爭，互相水火，徒蹈宋明積習，於國政毫無補益。卽以中國大經大法而論，五帝三皇不相沿襲，譬之冬裘夏葛，勢不兩存。用特明白宣示大小諸臣，自王公以及士庶，各宜努力向上，發憤爲雄。以聖賢義理之學，植其根本，又須博採西學之切於時務者，實力講求，以救空疏迂謬之弊。專心致志，精益求精，勿徒襲其皮毛，勿競騰其口說，務求化無用爲有用，以成通經濟變之才。

京師大學堂爲各行省之倡，尤應首先舉辦，着軍機大臣、總理各國事務王大臣會同妥速議奏。所有翰林院編檢，各部院司員，各門侍衞，候補選道府州縣以下各官，大員子弟，八旗世職，各武職後裔，其願入學堂者，均准入學肄業，以期人材輩出，共濟時艱。不得因循敷衍，致負朝廷諄諄告誡之至意。

六月十一日通常均視作百日維新的開端，但細讀德宗詔書的內容，首段駁斥守舊派不贊成强國强兵新法的非是，次則說明可變之理，最後祗提京師大學一具體新政。這與康有爲的建議相差遠甚，一加比較便知。康有爲見詔後馬上想離京，經人挽留始止。詔令公布後四日，德宗親信，頗贊助康有爲的翁同龢奉諭免職，次日，德宗召見康有爲於頤和園，談話逾二時，此時康有爲始得到機會傾吐其全部抱負。但最後一切，集中到反對派勢力過大的問題上，據梁啓超記載：

皇上曰：「國事全誤於守舊諸臣，朕豈不知！但朕之權不能去之，且盈廷皆是，勢難盡去，當奈之何？」

康曰：「請皇上勿去舊衙門，而惟增置新衙門；勿黜革舊大臣，而惟漸擢新小臣。多召見才俊志士，不必加其官而惟委以差事，賞以卿銜，許其專摺奏事足矣。彼大臣向來本無事可辦，今日仍其舊，聽其尊位重祿，而新政之事，別責之於小臣，則彼守舊大臣既無辦事之勞，復無失位之懼，則怨讟自息矣。卽皇上果有黜陟全權，而待此輩大臣，亦祇當如日本待藩侯故事，設爲華族，立五等之爵以處之，厚祿以養之而已，不必盡去之也。」

召見康有爲後四日，各項新政命令次第頒發，截止至九月十六日止三個月期內，維新命令不下百餘道，其大要如次：

（一）關於政制者：新設立農工商總局，中央政府裁撤詹事府、通政司、光祿寺、鴻臚寺、太常寺、太僕寺、大理寺等舊衙門。外省裁湖北、廣東、雲南三省巡撫（因與總督同城）、東河總督。令各省督撫保薦通達時務勤政愛民之能員，允許低級官吏及士民上奏。

（二）關於教育者：令孫家鼐籌辦京師大學堂，各地方大小書院一律改設爲中學堂，民間祠廟之不在祠典者一律利用爲校址興辦小學堂，舉辦經濟特科，廢八股文改試策論，獎勵民間興學，令華僑設學校。

（三）關於軍事者：令八旗改習洋槍，逐漸實行徵兵制，減裁綠營，變通武科舉，改試槍礮，各省切實練兵。

（四）關於實業者：令各省學堂編譯農務書籍，獎勵各項新發明，由政府給與專利權，籌設茶絲學堂。

（五）其他新政：嚴飭地方官保護教士教民，選宗室王公游歷外國，興築粵杭滬寧各鐵路，改時務報爲官報（康有爲任之），准在京師籌設報館，許滿人經營商業，整頓京師市容，成立譯書館（梁啓超任其事），改良司法，令內外臣工除去陋習，不得無故請假。

新政詔令多如雪片，各省督撫除湖南外，大都陽奉陰違，藉詞延宕。其甚者，如兩廣總督譚鍾麟便根本置之不理，電旨催詢亦不答覆。何以他們竟敢藐視皇帝的命令？要明白個中道理，我們還追溯這數十年來滿清王室家庭所發生的事情。

第三節　政權的爭奪

按自慈安與慈禧垂簾聽政之後（一八六一年冬），朝政表面上是由兩宮太后處理。然慈安秉性謙謹，對政治毫無興趣，且不識漢文。慈禧粗通漢文，自幼生長民間，對人情世故均有歷練，而賦性機敏有權謀，喜包攬政事，故庶政裁決，皆由彼一人作主。同治十三年（一八七四）穆宗病死，沒有繼嗣，慈禧不願立年長的人爲君，特地選擇醇親王奕譞的兒子入繼大統，是卽德宗。因德宗的母親是慈禧的同胞姊妹，同她有很親的骨肉關係，而年僅四歲，自然又可垂簾聽政，以達到他專攬政權的目的。光緒七年（一八八二）慈安死，慈禧更加專恣無忌，但對恭親王奕訢，尙略有憚忌。因恭親王爲文宗最親密的弟弟（同父異母），英法聯軍入北京時他於敵兵脅迫下主持和議，文宗死後，她復與兩宮同謀誅戮擅權的肅順；且爲人尙明治體，頗負時望，故慈禧尙不能不稍事檢點。光緒十年（一八八四）她藉中法戰爭之故，將恭親王及其同僚悉數罷免，於是朝廷上下，無人再敢稍拂她的意思，可以爲所欲爲了。光緒十四年（一八八八）德宗表面上親政，實際上一切用人行政大權，仍然操在太后手中，皇帝不過是一個傀儡。且自幼受她扶養，受其嚴厲管束已久，從不敢稍事反抗。光緒二十二年（一八九六）皇帝特別聲明道：「朕敬奉皇太后宮闈侍養，夙夜無違，仰蒙慈訓殷拳，大而軍國機宜，細而起居服御，凡所以裨益於朕躬者，無微不至，此天下臣民所共知者也。」無異公開承認他連日常生活都不得自由。

何況母后專政，難免不寵信宦官，慈禧初最寵愛宦官安得海，納賄亂政，聲勢煊赫，不可一世，連穆宗也不放在眼裡。後因出京招搖，被山東巡撫丁寶楨執而殺之（清制宦官不得出京，違者格殺無論」。後寵任宦官李蓮英，賣官鬻爵，權傾朝廷，一時夤緣無恥之徒，競相奔走於門下。德宗對這種現象，心中自然極不滿意，但因對太后「視如獅虎」，敢怒而不敢言。德宗結婚以後，宮廷之中，更增加糾紛。蓋宦官宮妾，鎮日無所事事，日常生活瑣碎，不免時有齟齬，互相中傷挑撥，流言蜚語，時有所聞，使太后與皇后婆媳之間，情感日益惡劣，自然也影響太后與皇帝間之關係。光緒二十二年（一八九六），德宗生母醇王妃去世，太后與皇帝間惟一可以轉圜調停的人既失，從此雙方關係日趨惡化，宵小更乘機從中播弄，紫禁城與頤和園兩個集團遂漸至積不相容之境。恰好此時，德宗用康有爲計實行新政，於是宮廷摩擦與國政鬪爭合在一齊，糾葛不分。

滿朝文武大臣以及封疆大吏，差不多都知道宮廷內情，都明白德宗是一個有名無實的皇帝，所以大家對他所頒的新政，雖經「誥誡諄諄，仍復掩飾支吾苟且塞責。」就連距京咫尺的直隸，也是一樣對新政令置若罔聞。直隸總督榮祿是太后的死黨，他當然更是胸有成竹。

不幸譚嗣同等人復輕率聯絡袁世凱，欲實行流血政變，事機不密，新政遂告終結。

關於袁世凱與譚嗣同密約的眞情，至今尙爲一不易解決之歷史公案。按袁世凱自甲午返國後，卽在天津附近練兵，平素言論，頗傾向於革新。其所統屬之兵名「新建軍」，人數約七千，受直隸總督榮祿之指揮。推行新政諸人，因事事受舊派阻撓，乃欲實行釜底抽薪之策，將慈禧等人澈底解決，遂想起袁世凱來。康有爲首先派人試探袁世凱的政見，然後疏薦之於朝。九月十六日德宗召見袁世凱，破格擢升其爲侍郎（袁時任直隸按察使），專責練兵。十八日深夜譚嗣同密見袁世凱，告以榮祿等人擬乘皇帝在天津閱兵的時機（預爲十月九日），肆行廢立。求其以軍力「保護聖主，復大權，清君側，肅宮廷。」據梁啓超所記，袁世凱滿口答應，但隨卽向頤和園告密。然據袁世凱所發表「戊戌日記」，則稱譚嗣同揑造德宗硃諭，脅迫其進兵圍頤和園，彼「因其志在殺人作亂，無可再說，且已夜深，託爲趕辦奏摺，請其去，」並未允其要求。次日彼覲見德宗時，曾勸皇上重用老成持重之人，新進諸臣「閱歷太淺，辦事不能縝密。倘有疏誤，累及聖上。」決無欺友賣君之事。證諸袁世凱一生事蹟，梁啓超的記載，似乎較爲可靠。

譚袁密謀後兩日，政變發作（九月二十日）。太后以皇帝有病爲理由，下詔臨朝訓政，變法未成的德宗，被安置在三面環水的瀛臺中「養病」。康有爲於事變前一日，在德宗嚴厲督促下離京，梁啓超避入日使館，均免於難。立刻被捕的有張蔭桓、徐致靖、楊深秀、楊銳、林旭、劉光第、譚嗣同、康廣仁等人。張蔭桓被判戍新疆，徐致靖被判永遠監禁，其他六人於九月二十八日處死刑，世稱「戊戌六君子」。此外株連坐罪的尙有李端棻、翁同龢、黃遵憲、張元濟、宋伯魯、陳寶箴、陳三立等二十餘人，或被發配，或革職永不敍用，或被囚禁，或交地方官嚴加管束。爲推行新政而殉難的六人的簡歷如后：

楊深秀，山西人，任山東道御史。對康有爲甚傾服，力助新政，如請廢八股，遣學生赴日留學等。又曾彈劾守舊派許應騤。

楊銳，四川人，任內閣侍讀，爲張之洞得意門生，先曾贊助强學書局，後復加入康有爲所成立之「保國會」（膠變起後，康梁成立之於北京）。德宗於九月五日擢爲軍機章京。

林旭，福建人，任內閣中書，爲康有爲弟子，曾爲榮祿幕客。九月五日被任爲軍機章京。

劉光第，四川人，任刑部主事，參加保國會。九月五日被任爲軍機章京。

譚嗣同，湖南人，江蘇候補知府，學識才氣，爲諸人之冠。初在湖南倡行新政，徐致靖薦之於朝，九月五日被任爲軍機章京。

康廣仁，乃康有爲胞弟，習西醫。因侍乃兄之疾赴北京，旋卽留京佐理其文書私事。政變竟遭株連。

慈禧訓政後，將百日維新期中一切新政，全部推翻，裁汰的衙門與冗員，一體恢復舊觀，八股文仍然走運，武科照舊考箭刀弓矢，守舊派完全勝利，皆大歡善。戊戌變法所惟一遺留到後世的政績，祇有一個京師大學堂，北京大學的前身。

第四節　不是變法的變法

由在野知識份子所掀起的一次救國運動，便這樣結束了。但卻有一些値得我們討論的地方：

第二、通常都把戊戌政變當作中國推行君主立憲運動看待，它的失敗，表示中國君主立憲運動失敗。這種看法大有可資商榷之處。按康有爲屢次上書都提到「定國是」，就他的本意而言，毫無疑問是實行君主立憲。他曾再三提到「國事付國會議行」，「採擇萬國律例，定憲法公私之分」。但是德宗於六月十一日下詔所謂的「國是」，僅指「博採西學之切於時務者」，以求「能制挺以撻堅甲利兵」而已，對於國體問題，一字未提。維新期中所有新政設施，更是一目瞭然，毫無實施立憲政體的跡象。政變之後，康梁流亡在海外時，以及民國成立以後康有爲的言論，是再三强調他們想實行君主立憲，惟根據史實，我們最大限度祇能承認戊戌諸子有推行君主立憲的抱負，而他們所實行的，的確與君主立憲無關。康梁事後的言論，如果解釋純粹是一種宣傳作用，純粹爲了提高戊戌政變的歷史意義，固然有傷忠厚；不過，如果將維新諸人在事前的建議（僅是希望）與事後的言論，當作已經發生過的事實看待，便有悖史實。或有人認爲，倘若袁世凱不變節，德宗握得實權之後，便可能實施立憲政體，我們當然不否定這種假設的可能，不過可能性究竟有多大，實値得考慮。德宗讀過大彼得的歷史，大彼得努力西化使俄國國勢煥然一新，但並不因而損失他專制君主的權威。日本王室（注意「王室」與某「一個皇帝」之間的區別）本無權力，是輿情迫使幕府歸還大政，迫使藩主放棄封建割據，明治是從一無所有變成擁有一切，與滿淸王室有無限權威，皇帝暫時不能掌握的情形不同。德宗在得到他的王室所有的權威後，是否能如明治一樣輕易放棄的問題，是應該採取極大的保留態度。一個人在還沒有佔有某一樁東西時，與既佔有之後，對於那一樁東西看法是會兩樣的。除非德宗眞如康梁所渲染的那樣聖明，我們不敢隨便相信假設，更不能將這種假設當作事實去討論，去記載在歷史上。

第二、舊派對於新政的反對，與其謂之爲反對新法，勿寧謂之反對新人。故戊戌變法時新舊兩派的鬪爭，所爭者多屬於「人」的問題，「法」的問題反居於次要地位。換言之，卽是兩派人在作政權的鬪奪，決非單純爲了政治理想。

首先舊派便反對康有爲個人。按康有爲發表兩部奇書的目的本在爲變法找一歷史理論根據，擡出孔子來鎭攝反對派，不意反因之樹立許多敵人。據說（梁啓超語）曾向德宗密薦「康有爲之才過臣百倍，請皇上舉國以聽」的翁同龢，也認爲僞經考是「經學家一野狐」；看見孔子改制考後，便向皇帝警告「此人居心叵測」。竭力倡導新政的湖南巡撫陳寶箴見反對康有爲者舉國皆是，遂請毀兩書之版，以息紛爭而平衆怒。與康有爲甚接近的孫家鼐亦請旨禁孔子改制考。湖南葉德輝認爲康有爲「其貌則孔，其心則夷」；主張「其言卽有可採，其人必不可用」。其甚者，更上書請斬康有爲。朝廷中如文悌便攻擊康有爲「欲將中國數千年相承大經大法一掃刮絕」。禮部尙書許應騤稱：「康有爲與臣同鄉，稔知其少卽無行，迨通籍旋里，屢次構訟，爲衆議所不容，始行晉京，意圖倖進。終日聯絡諫台，夤緣津要，託辭西學以聳視聽，……其居心尤不可測。若非能斥，驅逐回籍，將久居總署，刺探機密，漏言生事。長住京邸，必勾結朋黨，快意排擠，搖惑人心，混淆國事，關係非淺。」是更進一步攻擊康有爲的品德了。

其次是主張變法的，絕對大多數都是漢人，滿州親貴自不能無疑懼。而事實上推行新政的人士，確也有種族舊恨梗在心頭，表現得最露骨的如譚嗣同，他的「仁學」一書反對君主專制，惟尙有比專制君主更壞的事情，便是異族入主中國。他說：

天下爲君主囊橐中之私產，不始今日，……然而知有遼金元之罪浮於前之君主者乎？其土穢壤也；其人，羶種也；其心，禽心也；其俗，毳俗也。一旦逞其殘淫之威，以攫取中原之子女玉帛，礪貙貐之巨齒，效盜跖之肝人，馬足蹴中，中原墟矣，鋒刃擬華人，華人靡矣。乃猶以爲未饜，峻死灰復燃之防，爲盜憎主人之計。錮其耳目，桎其手足，壓制其心思，絕其利原，窘其生計，塞蔽其智術。……古之暴君，以天下爲私產止矣，彼起於游牧，直以中國爲其牧場耳。……雖然，成吉思汗之亂，西國猶能言之；忽必烈之虐，鄭所南「心史」紀之。有茹苦數百年，不敢言不敢紀者，不愈益悲乎？「明季稗史」中之「揚州十日記」，「嘉定屠城記略」，不過略舉一二事。當時旣縱焚掠之軍，又嚴薙髮之令，所至屠殺擄掠，莫不如是。……亦有號爲令主者焉，及觀「南巡錄」所載淫擄無賴，與隋煬明武不少異，不徒鳥獸行者之顯著「大夢覺迷錄」也。

這一段文章，兩百餘年來滿清與漢人之間的仇恨，一吐無餘。他又說：

若夫山林幽貞之士，猶在室之處女也，而必脅之出仕，不則誅，是挾兵刃，摟處女而亂之也。既亂之，又詬其不貞，暴其失節，至爲「貳臣傳」以辱之。豈惟辱其人哉，實以嚇天下後世，使不敢背去也。

抱有這種思想的人，紛紛入掌大權，無怪滿洲人要大爲恐慌。新政中有詔令滿洲親貴出洋考察，親貴大譁，帝乃取消此令。又令「八旗人丁如願出京謀生計者，聽其自由」滿人仍表反對。文悌（滿人）曾告康有爲道：「勿徒保中國四萬萬人，而置我大清國於度外」，便是滿人要竭力反對新政的肺腑之言。滿洲親貴的眷屬，得常入頤和園侍奉慈禧，乘間向太后苦述這種疑懼的，頗不乏人，對太后有極大的影響，無怪政變發生時，慈禧要對德宗說：

癡兒，今日無我，明日安有爾？

再次便是廢八股所引起的紛爭。廢八股與興學校，是維新中最重要的政令，也可以說是惟一涉及根本問題的措施。但因此舉受影響的人太多，於是仍然牽涉及人的問題上去了，即新人與舊人之爭。天下濟濟多士，窮畢生之力纔研摹而成作八股文的本領，以求靑雲直上，光耀門庭，一旦廢去，其中心之憤恨，自不待言。而康梁諸人，對廢八股一事，却非常堅持。覺醒了的在野知識份子的救國運動，竟因此議而失去大多數爲個人前途打算的士大夫之支持。梁啓超戊戌年在京鼓吹廢八股與學校激起衆怒，險遭毆辱。反對新政的集團之所以聲勢浩大，與大家對廢八股痛心疾首的心情，大有關係。

所以，我們可以說戊戌政變中新舊派的爭執，不是法的問題，而是政權的爭奪問題。在擯斥康有爲個人，滿人恐懼漢人，與舊人因進身之階被中斷而反對新人的各種不同的動機之下，利害一致，結成舊派，對抗由德宗爲首想奪回皇帝已經喪失的權力的新派。結果是新派失敗。梁啓超看得最清楚他說：「今舊黨之阻撓新法也，非實有見於新法之害國害民也」，實乃爲了保持政權而已。簡言之，戊戌政變不是因變法而引起的政變，而是變人而有的鬪爭。儘管康梁等人是爲了達成一種救國的理想而以奪取政權爲初步手段，但是反對者却把保持政權當作了目的。

爭奪政權得靠實力，再不然，也得運用極高妙的政治手腕，纔能成功。德宗是一個十足的傀儡皇帝，康有爲對這一點沒有正確了解，他拼命上書想說動皇帝，以爲皇帝一採納他的意見，便可以使理想付諸實施。經過十年的奮鬪（自一八八八第一次上書到一八九八年維新），他的第一步目的達到了，然後才發現皇帝是傀儡。事已至此，得暫時將理想擱起來，先爲皇帝政爭權。爭囘帝權的方法，確不高明。康廣仁便批評他的老哥「規模太廣，志氣太銳，包攬太多，同志太孤，舉行太大。當此排者、忌者、擠者、謗者、盈衢塞巷，而上又無權，安能有成？」譚嗣同頗有自知之明，他說：「嗣同之紛擾，殆欲新而卒不能新，其故由於性急，而又不樂小成。不樂小成，是其所長，性急，是其所短。性急則欲速，欲速則躐等，躐等則無所得矣！」與康有爲的速變全變政策相契合。新政諸人大都熱情氣魄有餘，智慮縝密不足，如是艱鉅的工作，而操切從事，焉能成功。

百日維新雖然曇花一現，但其影響，却不容忽視。

（一）慈禧重行訓政後，一切恢復舊觀，視談新政者如洪水猛獸。戊戌年冬，新授湖北巡撫曾鉌奏請變通成例，被劾爲「莠言亂政」，而「革職永不敍用」。戊戌以前各地方官吏尙得就力之所及，推行少許新興事業，自後大家對新政噤若寒蟬，無人再敢「莠言亂政」，由是滿淸政府吸收新人物以逐漸改革的希望遂告消逝。

（二）經過康有等人十年的鼓吹，與乎外侮的刺激，各地知識份子相率覺醒而講求「時務」者，頗不乏人。學會、報紙、學校紛紛成立，民智爲之大開。北京的新政雖然失敗，但講求新學，熱望改革的潮流，並不因之遏止。這些在野的知識份子，見用改革的方法以達到救亡圖存的途徑已被堵塞，被迫另謀救國之道，逐漸與革命的勢力滙合，使革命的勢力由單薄而壯大，終於釀成辛亥革命。

（三）政變發生，康梁在外人協助之下，未遭毒手，他們逃亡海外，痛詆慈禧及一般頑固守舊大臣。租界內反對守舊派的言論，亦隨處可見。太后雖有無上威權，但對託庇外人勢力下的新黨，儘管切齒痛恨，亦無可奈何，遂因之遷怒外人。基於這種變態心理，竟闖下了八國聯軍的滔天大禍！

本章主要參考書

張伯楨：康南海先生傳。

康有為：新學偽經考。

孔子改制考。

梁啓超：戊戌政變記。此書雖為直接史料，然所記不可全信。著者晚年亦承認當時，撰此書時帶有宣傳作用。另有戊戌六君子傳。

譚嗣同：寥天一閣文。

莽蒼蒼齋詩。

遠遺堂集外文。均見戊戌六君子遺集。

湘報彙纂。對戊戌年湖南行新政之重要文獻。

錢穆：中國近三百年學術史，下冊。

葉昌熾：緣督廬日記鈔。

第十章　基督教再度傳播的影響

第一節　西洋勢力滲入民間

基督教的再度在中國傳播，對中國政治、教育、社會、思想等各方面，都有極深遠的影響。這種影響是多方面的，極其錯綜複雜的。然就其最顯著者而言：一是教案迭起，終至引起八國聯軍；一是西方新知識的介紹。

自海禁大開，西洋各國的侵略勢力，用各種不同的方式在中國發展，中國各階層人士，對入侵的勢力，也有各種不同的反應。一般與西洋有過接觸的官員，及沿海一帶港口的仁人志士，很容易感受到中國國民經濟被榨取，國家主權被侵奪，民族危亡日迫的事實。蒿目時艱，先後起而從事他們當時心目中認爲最有效的救國工作，如曾、左、李的自強運動，康梁的戊戌維新，中山先生的革命運動等，都是受西洋勢力激盪而起的反應。

內地一般民衆，最初對於帝國主義者經濟、政治、軍事的侵略，却很少感受到刺激。但自咸豐十年（一八六〇）後，基督教傳教士大批湧到中國，滲入內地，雖窮鄉僻壤，都有教堂設立和傳教士的足跡，於是一般民衆，纔普遍領略到西方勢力入侵的滋味。因爲限於傳統文化及固有社會習俗，所以他們對於這種侵擾所生的反應是層出不窮的教案，到最後，終於醞釀成義和團變亂，引起八國聯軍，使國家遭蒙無比嚴重的損失。

鴉片戰爭後再度來華的西洋傳教士，同兩百餘年前利瑪竇等人所處的情勢，完全兩樣。明末清初的傳教士，多屬耶穌會會士，都經過極嚴格的選擇與訓練。所以他們能憑藉其廣博的學識，湛淬的德行，以取得中國人士的敬重，因而獲得傳教的權利，吸收教育水準很高的信徒。同時，他們對中國文化有相當的了解，故能尊重中國文化傳統和風俗習慣，得與士大夫交往論道。西洋傳教士的再度來華，肇端於道光二十四年（一八四四）「中法五口通商條約」，其第二十二條規定「倘有中國將佛蘭西禮拜堂㘰墓觸犯毀壞，地方官照例嚴拘重懲。」這不過允許外國人信教自由。次年，清廷在法人多方要挾之下由皇帝下詔准許其在五口地方傳教，即是中國人亦可相信基督教。英法聯軍之役，滿清政府在大砲軍艦的威脅下屈服，答應西人可赴內地傳教。這在中國而言，是被迫如此，在傳教士而言，是戰爭勝利贏得的權利，與利瑪竇時代用學行取得中國敬重而獲得傳教之權的情勢，廻然有別。

在這種情勢下的傳教事業自然問題叢生。十九世紀的歐洲人，已經自視甚高，傳教士也不例外。他們在國內所受的訓練決不如前此之嚴格，對於中國文化，多數均茫無所知，他們祇看到中國武備不修與物質文明落後，便不願虛心對中國文化作進一步的了解，甚至還抱着傳播文明以開化野蠻人的態度。等而下之，負有本國政府略取殖民地，開拓市場，調查富源的使命者，更無論矣。其中，英美等國的傳教士，多屬基督教的新派，因爲較重視商業，所以傳教士尙有溝通人民情感，以利推銷的任務，頗少政治野心。舊派卽天主教，以法人爲主，其宗教色彩特別濃厚，排他性亦較強烈，而當時的法國政府，又常利用天主教作侵略的工具。因此，十九世紀後半期，中國所發生的教案，多與天主教有關，民間對於天主教的反感也最強烈。

第二節　教案迭起的原因

傳教士在民間引起絕大反感之原因，首在他們不尊重中國固有的習俗。凡入教者不祭祖先，不敬神佛，不崇孔子，而復男女混雜同作禮拜，使得一般士大夫與民衆，都將教民（信教之中國人）當作喪心病狂之徒，而視傳教士爲傷風敗俗之主使人。北京條約允許傳教士赴內地傳教後，立刻激起民間反對。據夏燮所記湖南的情形：

當法人之請領執照也，分遣傳教之士游行各省，將至楚，楚南長沙湘潭一帶傳教之奸民，相與夸耀其事，以爲吐氣揚眉，復見天日。楚之士紳聞而惡之，乃撰爲公檄，議黜天主教。有畀屋居住者火之，有容留詭寄者執之，有習其教者宗族不齒，子弟永遠不准應試。大略謂其藉宣講爲名，裸淫婦女；設女嬰之會，採取紅丸。其他種種奸惡，描寫盡致。

他們對基督敎的印象，非突然而發，自有其歷史淵源，自楊光先的「不得已」（參看第一章第一節）一書後，有雍正二年吳德芝的記載。吳德芝描寫基督敎的情形道：

（凡入敎者）必先自斧其祖先神主，及五祀神位，而後主敎者受之曰「吃敎人」。按一人與白銀四兩，榜其門以赤紙，上畫一長圈，內列十字架，刀錐鈎槊皆俱。或曰其所奉神以磔死，故門畫磔器也。每月朔望男女齊集堂中，闔門誦經，及暮始散。有疾病不得入常醫藥，必其敎中人來施針灸，婦女亦裸體受治。死時主者遣人來驗，盡驅死者家屬，無一人在前，方扃門行斂，斂畢，以膏藥二紙掩後，裹以紅布囊白胞衣，紉其項以入棺。或曰借斂事以刳死人睛，作鍊銀藥，前與人四兩，正爲此也。

湖南士紳的「公檄」傳到江西，正好法國傳敎士到南昌，江西士紳及應試秀才等，羣起反對，於是發生南昌敎案（一八六二）。天主敎敎堂、育嬰堂、敎民住宅齊被拆毀，巡撫沈葆楨認爲是國家一二百年養士之報」。郭嵩燾不以這種行動爲然，他寫給曾國藩的信，見第六章第三節。郭嵩燾的智慮高人一等，他的態度可謂正確，但「一二姦頑」能「煽誘」而釀大亂，自必有其原因。沈葆楨派人秘密訪問的結果，可見民情之一班：

問（秘探）：「你們議論紛紛，都說要與法國傳敎士拚命，何故？」

答（民衆）：「他要奪我們本地公建的育嬰堂，又要我們賠他許多銀子，且叫從敎的來佔我們舖面田地，又說有兵船來挾制我們。我們讓他一步，他總是進一步，以後總不能安生，如何不與他拌命！」

問：我從上海來，彼處天主堂甚多，都說是勸人爲善，譬如育嬰一節，豈不是好事？

答：我本地育嬰，都是把人家纔養出來的孩子抱來乳哺。他堂內都是買十幾歲男女，你們想是育嬰耶，還是藉此採生折割耶？而且「長毛」（太平軍）都是奉天主教的。他們必定要在城內，及近城地方傳教，譬如勾引「長毛」進來，我們身家性命不都休了？

問：你們地方官同紳士主意如何？

答：官府紳士總是依他，做官的祇圖一日無事，騙一日薪俸，到了急緊時候，他就走了，幾時顧百姓的身家性命。紳士也與官差不多，他有家當的也會搬去，受罪的都是百姓，與他何干？我們如今都不要他管，我們止做我們的事。

問：譬如眞有兵船來，難道你們眞與他打仗麽？

答：目下受從教的欺陵也是死，將來他從教的黨羽多了，奪了城池也是死，勾引「長毛」來也是死，橫豎總是死。他不過是礮火利害，我們都拌着死，看他一礮能打死幾個人。只要打不完的，十個人殺他一個人也都𣪍了。

這一段對話，差不多將各地層出不窮的教案發生的根本原因，作了說明。試想抱如此心情的民衆，如得到鎗礮不傷身體的法術，他們將會作出些什麼來，便不問可知了。

基督教既爲中國社會所擯棄，於是民間稍有知識或安份守己的民衆，都拒絕與傳教士接近。傳教士爲了急於傳播上帝的福音，遂用各種方法吸收信徒，不惜用小利爲餌以招收貧賤的人入教，更增加人們對教會的惡感。教民既爲鄉里所不齒，亦心懷憤恨，於是常與平民齟齬，發生衝突。教民寡不敵衆，受到欺凌，便向傳教士面前訴苦，傳教士當然袒護教民，向地方官陳說，干涉教民與平民之間的訴訟。其至根據教民一面之詞，要地方官吏枉曲平民。州縣官不循其請，則報告領事、公使，由其外交官直接向總署交涉，地方官往往因之獲罪。大多數地方官吏，辛苦半生，纔得到實缺，誰也不願爲教民的事，開罪教士，以致前功盡棄。於是凡遇教民與平民之間的爭訟，不問是非曲直，總是讓教民滿意而去，良民受到欺壓，無處伸冤，因此，若干爲地方上所不容的流氓地痞，亦相率加入教會，得到教士作護符，橫行鄉里，魚肉善良。愈是如此，教會人士的流品愈雜，教民與平民之間的嫌隙愈深，積成水火，祇待機會總爆發。

教會雖然興辦了一些慈善事業，如育嬰堂之類，但一般民衆對教會嫌隙已深，在大家心目中，根本不相信傳教士會作好事，收養童男少女，一定另有作用。何況百餘年來民間對基督教儀節的許多附會之說，早已深入人心，於是民間自然流行一種謠言，認爲傳教士在煉丹採補，暗中挖眼取心以配藥熬銀（當時大家相信教士用中國人眼睛配成之藥，可使一百兩鉛中，煉出銀八兩，其餘仍爲鉛）。傳教士聽到這類荒誕不經的流言，自是憤懣，更加深蔑視中國人的心理。

一般士大夫階級，既憤於外國的欺凌，復見傳教士詆毀孔孟（傳教士曾說孔子被上帝打手心），也羣起反對。誠篤的儒者如沈葆楨，同情南昌生員毀教堂的暴動，便是基於這種立場。素以明達外情著稱的恭親王竟向英國公使阿禮克（Alock）說：「如果英果不販鴉片，不派傳教士到中國，中國人一定歡迎英國人！」他竟將鴉片與傳教士相提並論了。尤有進者，中國政府素來認定會黨是一切變亂之源，幾乎傾覆清室的太平軍也是信奉「上帝」的叛徒。故就清廷的心理而言，雖然在兵偪城下時，允許基督教在內地傳播，但對傳教士仍存疑懼之心，所以對條約上答應保護教士教民的條款，並未向地方官公佈，更說不上剴切曉諭。對於士民仇教的言論，亦從未禁止，而且還將那些附會之辭，信以爲眞。由於傳教士的素質過差，教民的囂張，平民的愚昧，士大夫的煽動，地方官的顢頇，清廷的疑懼等因素；自同治元年至十三年（一八六二—七四），全國幾乎年年有教案，處處有教案，成爲當時最棘手的外交問題。每發生一次教案，結果總是滿清政府屈服，教民與平民仇恨加深。但是，西洋各國還不知道，從鴉片戰爭到英法聯軍入北京，他所用大礮軍艦所擊敗的，祇是滿清政府，廣大的中國民衆仍然沒有屈服。所以當時流行着「百姓怕官，官怕洋人，洋人怕百姓」一類的話。百姓既然沒有屈服，教案便永無法休止，萬一有一天，百姓同「官」合作，協心同力對抗洋人，便要掀起大波瀾了。

同治年間最嚴重的一次教案是「天津教案」，可作教案發生的型典，險些兒引起中法戰爭。其概略經過如后：

天津的法國女修士創有「仁慈堂」一所，因無人願送子女入堂受育，乃用金錢獎勵貧苦之家送兒女入堂，自然引起社會猜疑。同治九年（一八七〇）夏，天津「亢熱異常，人心不定，民間謠言甚多，有謂用藥迷拐幼孩者，有謂義塚有屍骨暴露者，有謂暴露之屍，均係教堂所棄者，有謂天主教挖眼刳心者，謠言紛紛，並無確證」。（三口通商大臣崇厚語）適「仁慈堂」中兒童日有死亡，津民更信謠傳，羣情大憤，欲派人入堂調查。女修士自然堅拒不允，更令大家信以爲眞，民衆呼嘯而集，包圍教堂，發生口角與毆打。崇厚卽派兵前往彈壓。不意法國駐天津領事豐大業（H. V. Fontanier）突「腰間帶有洋鎗二桿，後跟一外國人，手執利刃，飛奔而來」見崇厚，一語未畢，竟開鎗擊崇厚，幸未中。崇厚暫時避開，豐大業怒氣未消，打毀客室中器物。時街市已聚羣衆數千，形勢洶湧，崇厚再出見法領，勸令暫避官署，豐大業不顧而去。行至中途，遇見前往彈壓暴民的天津知縣劉傑，豐大業野性勃發，又向劉傑開鎗，將其僕從打傷。道旁民衆瞥見此事，忿怒不可忍耐，遂蠭起將豐大業痛毆致死。同時，憤極之羣衆，已怒不可遏，闖入教堂，將其中教士教民等五十餘人，全部撲殺，並波及於英美傳教士住宅。事態既已嚴重，朝廷乃命直督曾國藩赴天津處理一切。

天津教案釀成的原因，與其他各教案初無二致，惟碰上一位粗野橫暴，毫無理性的法國領事，

始將事態擴大。曾國藩知情形嚴重，預立遺囑，準備一死。到天津後，查明謠言乃莫虛有者，允許懲兇賠償。然自慈禧以下滿朝文武，却一致相信挖眼剖心之說，輿論沸騰，齊詆曾國藩阿媚洋人。法國本擬乘此時機，大事需索，厲兵秣馬，準備一戰。幸普法戰爭發生，法皇拿破崙三世已成俾士麥的階下囚，中國得免戰禍，僅僅道歉、賠款、懲兇了事。

第三節　傳教士對新知識的介紹

中國社會與教會間的仇隙，隨着時間，愈累積愈深厚，到十九世紀的末期，基督教在中國內地，差不多必須靠大礮作後盾纔能立足，否則便有被消滅的危險。這種情勢，少數明達事理的傳教士，也相當瞭解，他們曾努力設法袪除教會與中國社會間的隔膜，雖然沒有成功，但他們對於近代科學知識的灌輸，社會風氣的改革却都有所貢獻。

傳教士爲了訓練教會人士，使人同情宗教，了解宗教，故創立了許多學校。道光二十五年（一八四五），美國聖公會首創學校於上海，（卽後日的聖約翰大學）此爲我國最早的新式教育機構。同治五年（一八六六）復設文華書院於武昌（後日之文華大學）。此外，如大家所熟知的燕京大學，齊魯大學，東吳大學，嶺南大學，華西大學等，以及許多中小學均陸續在同光年間成立。這些學校，雖然是爲了宗教的目的而創設，但却爲中國培植了不在少數的人材，中國政府初與辦外國語文學校時，傳敎士去充當敎習者很多，對我國敎育也有幫助。

當曾、左、李等人推行自强運動時，各機械廠多附設譯書局，譯書的方法，多由西人口述，華人筆錄，這些西人，多屬傳敎士。西方科學技術，文史政敎的知識，均賴以輸入，淸季若干講求時務人士所吸收的西方知識，泰半是靠這類的譯書。

這類傳敎士中，以英人李提摩太（Timothy Richard）與美人林樂知爲最著名。李提摩太精通華語，對中國情形相當瞭解。光緒元年（一八七五）與林樂知合創「萬國公報」，刋載世界重要消息。十四年（一八八八）成立「廣學會」，以革新社會風氣，啓廸中國文化，輸入西方知識，輔助中國自强爲目的。他們翻譯偏重西洋文史、政治、敎育、經濟等社會科學書籍。到光緒二十六年（一九〇〇，庚子年）爲止，廣學會已出書一百四十一種，雜誌三種，（萬國公報、中西敎會報、小孩新報）。李提摩太嘗往北京，週旋名卿鉅公之間，陳說改革事宜，並獻議淸廷敎民相安之策，頗受歡迎。但他們仍得不到中國士大夫普遍的贊助。第一，因爲他們仍然不能了解中國對孔孟的觀念，林樂知曾說：

孔子爲大聖人，生於古之世，亦奉上帝之差使，……眞可與西方古聖摩西及蘇格拉底等同稱爲耶穌之前驅矣！但論其實，孔子不過爲人中之一聖，有覺世之任，而無救世之力者也。上帝所特立爲全世界人獨一之救主者，惟有耶穌基督一人而已。

第二，他們鼓吹通商過份露骨，將通商與宗教混為一談的理論，復十分牽强。林樂知說：

（凡不通商之人），上之不能與上帝交通，下之亦不能享受上帝所賜與之萬物，正如浪子甘心自棄其父家，而陷溺於罪惡之中。……通商者，以其所有之物傳於人，其益屬於身，使天下之人，皆能同享上帝之富足者也。……可見傳道與通商二端，足以包括一切而無俟他求矣！

這類言論，很難博得中國士大夫的青眼，自不用說。第三，西人在中國取得傳教權是靠戰爭勝利，使中國人士心理上起反感，將基督教的傳播視為戰敗屈辱的象徵。李提摩太等人雖力圖彌補，亦不能消除中國人心理上的障礙。

第四節　民間對西洋勢力入侵的總反動

少數教士的努力，不能扭轉乾坤，挽回大多數民衆對教會的惡感，義和團變亂終難避免，使中國國家民族和基督教同受無可估計的損失，實為近代中外關係史上一大不幸的事件。

中國民間秘密會黨組織派別繁多，承平之時，則練拳弄棒，或作法念咒，斂錢為生。每逢政治腐敗，凶年饑歲，便聚衆倡亂，乃中國歷史上習見之事。義和團亦為此種民間秘密會黨之一。初名「大刀會」，盛行於黃淮流域各省，乾隆時曾嚴禁之。至十九世紀末葉，大刀會勢力復盛，自稱能使神靈附身，不懼槍礮。民間與教會嫌隙既深，復認為教會所恃者不過槍礮，於是平素受教士教民欺侮之鄉民相率加入，練習拳棒，日念咒語，準備與教會拚殺，一吐數十年鬱結的怨氣。光緒二十三年（一八九七）李秉衡任山東巡撫，見大刀會同教會作對，與其私衷相合，大加鼓勵，於是大刀會在山東特盛。是年十月殺死德國傳教士二人，李秉衡因此事被革職，由其志同道合的毓賢繼任巡撫。大刀會此時自稱「義和拳」，標出「扶清滅洋」的口號。毓賢改「拳」字為「團」字，義和團之名由是而興。義和團既得地方官讚賞，行動更加積極，樹立「毓」字旗號，四處焚教堂，殺教士，山東全境騷然，引起各國抗議。光緒二十五年十二月（一八九九）朝廷乃以袁世凱代毓賢為山東巡撫。袁世凱率其所訓練之新建軍痛加圍剿，義和團在山東不能立足，逃至河北。

時朝廷反對外人之空氣正濃厚。按自戊戌政變後，因康梁在海外詆毀舊黨，慈禧已深惡外人。次年（一八八九）冬，太后欲廢德宗，乃立端郡王載漪之子溥儁為「大阿哥」（即太子之意），欲諷外國公使入賀，各公使置之不理。舊黨以輿情不洽，復懼各國干涉，祗得將廢立之事暫行擱置。慈禧、載漪等人自更加切齒痛恨外人。毓賢入京，力陳義和團神術，不懼外人槍礮，而復以扶清滅洋為宗旨，正投合太后等人之心意。於是授毓賢為山西巡撫，允義和團入北京、天津，時為光緒二十六年（一九〇〇）六月。義和團入北京後，行動益囂張，除焚教堂，殺教士教民而外，舉凡與西洋有關係的新政，均一體仇視，竟毀電線、折鐵路、燒洋樓；甚至藏洋書，載眼鏡等人，均遭撲殺。

方義和團正如瘋如狂進行毫無理性暴動之時，西方各國知事態嚴重，已準備對中國用兵。而中國一般昏庸無識之親貴大臣，與乎頑固守舊之士大夫，咸認爲此乃湔雪國恥千載一時之良機，羣情激昂，竭力主張戰爭。雖有少數大臣如袁昶、許景澄、聯元、徐用儀、立山等冒死力諫，但無濟於事。數十年來民間普遍對教會的積怨，士大夫對西洋勢力侵入的反感，滿清王室與西人的嫌隙，種種因素滙合成爲洪水，一發不可遏止。六月二十一日，經過四次御前會議後，乃下詔向全世界（凡與中國有交涉各國）宣戰，同時下令圍剿各國駐京公使館，撤回駐外使節，令各省督撫焚教堂，殺教士教民。欲利用數十萬「不期而集」的「義兵」，「慷慨誓師」，對洋人「大張撻伐，一決雌雄」。而全世界强國，亦共組聯軍，向此世界上之大弱國進攻。

宣戰詔書未下以前十日，日本使館書記官杉山彬已被董福祥甘軍所殺，五日後德國公使克林德（Von Ketteler）離開使館赴總署途中被襲殺，但甘軍及數十萬義兵圍攻僅有四百餘守兵的使館區，歷八週，仍然無功。各國援救使館的救兵，本可早日趕到，但滯留天津，遲遲不發。延至八月四日始向北京挺進，沿途所遇抵抗甚微，十四日，英軍首先入北京。慈禧與德宗倉卒西奔。八國聯軍（英、美、意、德、法、日、奧、俄）入北京後，大肆報復，焚掠屠戮之慘，亦不亞於義和團。

當聯軍向北京進偪時，慈禧已知義兵無用，急電粵督李鴻章入京議和。十月，李鴻章抵北京，聯軍統帥瓦德西（Von Waldersee）拒不與會見，並否認其代表中國政府。李鴻章與幕友三人，寄身城外賢良寺，狀至悽慘。時德俄兩國欲乘勢瓜分中國，英、美表示反對，日本國力尚未臻强境，不欲中國此時被宰割。然形勢可能瞬息千變，中國國運已臨千鈞一髮之時機。據胡適先生「藏暉室劄記」所記，八國聯軍時，美總統麥荊尼（Mckinley）召集閣員開會，討論美兵撤出北京與否問題曾說：

吾美雖不貪中國一寸之土地，然地勢懸隔，軍人在外，不易遙制。吾誠恐一夜爲軍書驚起，開書視之，則曾芬統制（Colonal Chaffin 聯軍中美軍統帥）自中國來電，言已佔領中國北地某省，已得土地幾十萬方里，人民幾百萬矣。事到如此，更不易收束，不如早日退兵爲得計也。

所述確是當時實情。所幸各國利害不一致，十二月杪，始將議和條款交李鴻章，聲稱不能更動一字。次年（一九〇一）約成，世稱「辛丑條約」，其要點爲：

（一）中國遣使赴德日兩國道歉。

（二）懲辦禍首大臣。

（三）禁止向中國輸軍火兩年。期滿得再展限兩年。

（四）賠款銀四億五千萬兩，分三十九年償清。合利息共計銀九億八千二百餘萬兩。

（五）北京劃定使館區域，區內由使館團管理，各國並得派兵防守。

（六）毀大沽至北京間之礮台、天津、北京、山海關間之交通要地，允許各國駐兵。

（七）清廷允許張貼嚴禁仇外之上諭於各地，設立仇外之會黨者，立卽正法。

條約所受損失之大，爲歷次和約之冠。從此京城門戶洞開，一國首都之主權亦不完整，國民心理和國家威信都受極大的傷害。

第五節　義和團事變的影響

辛丑條約使中國所蒙受的損失，固然十分重大，但義和團變亂所遺留給我國的影響，尙有大於條約千百倍者，更不容忽視：第一，世界輿論都一口咬定義和團行動野蠻，決非文明國家所宜有。他們從未冷靜推求這次變亂發生的原因，亦決不提八國聯軍入北京後剽刼姦淫的野蠻行動，便貿然斷定中華民族是半野蠻民族。按自鴉片戰爭以來，中國雖迭次戰爭失敗，但世界各國尙承認中國是一個文化水準相當高的弱國，他們祇能輕侮滿淸政府，但尙未過分蔑視中國民族。政府是隨時可能變換的，祗要中國民族能發奮圖强，國勢仍可由弱轉强。經過這一次變亂，他們便有理由辱罵中國民族了。所以我們得承認，南京條約是中國政府的國際地位低落的開始；義和團變亂，則不僅止政府，而是世界各國對中國民族觀感改變的轉捩點。因爲如此而使國家民族、海外華僑與留學生有形無形間，受到無可估計的傷害。

第二，本章前面已經提到，自鴉片戰爭以來歷次戰爭，西洋武力所擊敗的僅僅限於滿淸政府，一般民衆與守舊士大夫的心理並未屈服。義和團變亂是滿清政府、中國衞道的士大夫、以及民衆所滙合凝聚而成的力量，但是澈底失敗了。經過這一次慘敗，滿清政府自不必論，從此衞道的士大夫再也不能發表「倭仁型」的言論，村夫愚婦再也不起用符咒勝過洋人槍礮的念頭，無人再敢輕外、仇外。民族自信心喪失的後果，使國民逐漸養成媚外的心理，日後中國許多社會、政治、敎育、經濟、軍事等各方面的改革，都一味東施效顰，對本國文化基礎和社會背境，絲毫不加考慮，以致造成許多非驢非馬的現象，都是這種心理在作祟。

第三，義和團變亂時，東南各省不奉朝廷焚敎堂殺敎士敎民之詔令，由李鴻章、劉坤一、袁世凱等人與列强約定各省決保護外人生命財產，請列强勿進兵東南。因此義和團變亂，僅及於河北、山西、東北各省。朝廷不特未責備各督撫，反嘉其「老成謀國」。從此以後，各省督撫之權力，更漸增加，形成半獨立局面。對清末及民國初年的政治，都有影響。

第四，義和團變亂中，滿清政府所表現的愚昧無識的行動，已到令人驚駭的程度。國家的存亡，竟如斯輕率一擲。因此，凡屬有志救國之士，莫不對滿清政府表示絕望，一齊走上革命的道路，使革命運動憑添了許多生力軍。

第五，俄人乘義和團變亂時，進兵强佔中國東北，激成英日同盟，終至發生日俄戰爭，東亞國際形勢改觀，而中國東北亦成從此成爲世界的火藥庫。

俄國乘義和團之亂進兵佔領東北後，即威脅盛京將軍增祺與之訂立「旅順密約」(一九〇一年一月)，將東北置於俄國保護之下。消息傳出，清廷將增祺革職。俄國再與駐俄公使楊儒談判，提出十二條，較「旅順密約」尤爲嚴酷。英、日、德、美、義、奧等國聞之，先後向中國抗議，是年(一九〇一)三月英日並對俄發表共同勸告。俄人悍然不顧一切，誆騙楊儒到俄外交部，強迫楊儒立刻在條約上劃押，形同綁匪，楊儒未允，竟被俄人將其由樓上踢下墜地而死(一說受盡侮辱後，返家即腦充血死)，其子亦自殺。中國方面，劉坤一、張之洞亦竭力反對，俄人乃轉而在北京向李鴻章施壓力，極盡欺詐恫嚇之能事。時李鴻章已七十九歲，不堪俄人偪逼，吐血而死，臨終前一小時，俄使尙在其病榻旁強迫簽字。

俄國的野心既然畢露，英日均亟思抵制，乃結爲同盟(一九〇二年元月)，俄人始略有顧忌。四月與清廷訂約，分三期自東北撤兵。第一期俄兵如約撤退。次年(一九〇三)俄軍當作第二期撤退時，突另提條件，除欲置東北各省於其勢力下外，且欲伸展其鷹爪於外蒙古。英、美、日聞而抗議，俄人態度強硬，更向中國聲明決不無條件撤兵。隨即設「遠東大總督」，將中國東北視爲殖民地經營。同時強佔朝鮮邊境要地，興築礮臺。日本乃向俄人提出所謂「滿韓交換論」，意即日本承認俄國佔領中國東北，俄國允許日本在朝鮮自由行動。俄人仍不饜足，要分佔朝鮮三十八度以北地方。時俄已陰集大軍於朝鮮邊境，日本見形勢如此，先發制人，進攻俄海軍(一九〇四年二月)。戰端遂開。日俄兩國分贓不均，以中國東北領土爲戰場，淸廷祇得劃遼河流域爲交戰區。次年（一九〇五）春，俄國海陸軍相繼戰敗，增援之波羅的海艦隊再覆沒於對馬海峽，乃由美國調停，締結朴資茅斯（Portmouth）條約。其要點爲：（一）俄國承認日本有獨立經營朝鮮的特權。（二）俄將旅順大連轉讓與日本，將長春與旅順間鐵路讓與日本。（三）俄國割庫頁島南部與日本。（四）除旅順大連外，日俄兩國同時撤兵，將行政權交還中國。

日本既勝俄國，復得英國支持，顧盼自雄，不可一世。時美國對亞洲問題，已較前注意。宣統元年（一九〇九），美國務卿諾克斯（Knox）主張東北三省鐵路「中立」，由國際經營，日俄兩國均表反對。爲了對抗美國，兩國開始合作侵略中國。光緒三十三年（一九〇七）日俄密約，以「南滿」與朝鮮屬日本勢力範圍，「北滿」與外蒙屬俄勢力範圍。宣統二年（一九一〇）日俄密約以美國爲假想敵，協議共同對付。從諾克斯提出中國東北鐵路「中立」起，日本的國策決定者，卽深知日本如欲鯨吞中國，獨覇東亞，難免不與美國一戰。自後，東亞角逐的主要國家，已由英、俄、日變成英、美、日、俄四國。英國妒嫉美國奪取其世界各地的經濟覇權，每每利用美日在太平洋上的矛盾，左袒日本，以牽制美國。日本既獲英國助力，復得俄國協心合作共侵中國，使美國孤掌難鳴。結果是日本從此取得侵略中國的主動地位，隨時伺機而動。自後日本便對中國發動一連串的侵略行動，一直發展到第二次中日戰爭爆發爲止。義和團變亂的影響實在太深遠了。

本章主要參考書

夏燮：中西紀事。

曾文正公全集。看同治九年奏稿。

林樂知：五大洲女俗通考。

傅雅蘭：各國交涉公法論。

萬國公報。

王希隱：清季外交史料。

左舜生：中國近百年史資料（正續編）。

羅惇融：庚子國變記。　近人記義和團事，多本此書。另有拳變始末，敍義和團之源起。

景善：景善日記。　此書之可靠性，尚有爭論。

惲毓鼎：崇陵傳信錄。　著者曾參加四次御前會議，對政策決定經過，記載詳確。

達林（Dallin）：蘇俄與遠東。

第十一章　經過反省自覺的救國運動

第一節　國民革命運動的勃興

光緒十一年（一八八五）中法越南戰爭時，孫中山先生所領導的國民革命運動已萌芽孳生，但不爲人所重視。經過甲午戰爭、戊戌政變、八國聯軍、日俄戰爭等等事變，清末一切拯救國家民族於危亡之境的運動，已全歸失敗。而國勢阽危，日甚一日，於是許多仁人志士始逐漸認識國民革命的重要，相率接受中山先生的領導，從事救國工作。

中山先生以前，歷次救國運動失敗的原因，在其領導者對世界潮流認識不清，或對本國文化瞭解不够，故所提出之救國方案，不是偏於枝節，捨本逐末，便是似是而非，因襲皮毛。能够澈底瞭解西方文化而吸收精髓，並配合中國傳統文化，以提出淵深的理論與平實致用的救國方案者，惟有中山先生。

中山先生於同治五年（一八六六）十一月十二日誕生於廣東香山縣（今改名中山縣）翠亨村。家世業農。十三歲以前完全接受中國舊式教育，使對國學有初步基礎。十三歲隨母赴檀香山，入教會中學，三年卒業，成績冠全校，再入阿湖學院（Oahu College）畢業。年十八始歸國。歸國後，至香港求學三年。二十一歲時返廣州入美國教會所辦的博濟醫院，次年轉香港西醫書院（Canton Hospital），五年半後以優異成績畢業（一八九二），時年二十七歲。自檀香山歸國到西醫書院畢業，計已有九年，在此九年中，中山先生除研習西方科學外，並時延師教授中國典籍，孜孜勤讀，數年不輟，故醫校畢業之後，他中西學識都已樹立良好基礎。這與曾、左、李等人純粹受中國傳統文化薰陶，與康梁的間接接受西洋文化皮毛的情形，廻然有別。尤有進者，中山先生雖然對國學下過苦功，但從未「為八股以博科名，工詞句以邀時譽」（自述語）。康梁等人，在這個時期，正研摩八股，熱中場屋之學。兩相比較，高低自有不同。

從光緒十一年到二十年（一八八五——九四），中山先生於課餘之暇，及畢業後往來港澳等地，藉行醫之便，聯絡同志，秘密進行推翻滿清的革命工作，但他仍未放棄改革現狀的希望。因為就中國的國情及所處的國際形勢而論，如果革命爆發，即使革命能成功，但國家的元氣必大受斲傷，甚至可能招致列強的乘機侵擾，所以甲午戰爭爆發，中山先生並不想立刻組織革命團體。故北遊天津，上書李鴻章闡明「歐洲富強之本，不盡在於船堅礮利，壘固兵強；而在人能盡其才，地能盡其利，物能盡其用，貨能暢其流。」的救國根本大計。但李鴻章不能徹悟這四句話的至理。從此，中山先生纔放棄改革的希望，認定滿清政府決不能負起救亡禦侮的責任，始轉而全力從事傾覆清室的工作。

離開天津後，中山先生卽赴檀香山，組織興中會（一八九四年十一月）。興中會宣言，首述中國積弱的情形：「堂堂華國，不齒於列邦，濟濟衣冠，被輕於異族，」其原因在「政治不修，綱紀敗壞」，而「强隣環列，虎視鷹瞵，久垂涎我中華五金之富，物產之多，蠶食鯨吞已見效於接踵，瓜分豆剖，實堪慮於目前。」所以呼籲國人「亟拯斯民於水火，切扶大厦之將傾，庶我子子孫孫，或免奴隸於他族。」所訂宗旨：

本會之設，專爲聯絡中外有志華人，講求富强之學，以振興中華，維持團體起見。蓋中國今日政治日非，綱維日壞，强鄰欺侮百姓，其原因皆由衆心不一，祗圖目前之私，不顧長久大局。不思中國一旦分裂，子子孫孫世爲奴隸，身家性命且不保乎！……倘不及早維持，乘時發奮，則數千年聲名文物之邦，累世代冠裳禮義之族，從此淪亡，由玆泯滅，是誰之咎？識者賢者，能無責乎？故特聯絡四方賢才志士，切實講求當今富國强兵之學，化民成俗之經，力爲推廣，曉諭愚蒙，務使擧國之人，皆能通曉。聯智愚爲一心，合遐邇爲一德，羣策羣力，投大遺艱，則中國雖危，庶可挽救，所謂「民爲邦本，本固邦寧」也。

興中會擬辦之事爲：

設報館以開風氣，立學校以育人材，興大利以厚民生，除積弊以培國脈等事。皆當惟力是視，逐漸擧行，以期上匡國家以臻隆治，下維黎庶以絕苛殘，必使吾中國四百兆生民，各得其所，方爲滿志。

讀以上所引述的文詞，興中會僅是一種民間「講求富强之道」的團體。蓋當時風氣未開，如果貿然標揭出革命的口號，必定引起許多人的疑懼，且爲避淸吏耳目及在港澳活動方便計，故宣言中不顯露傾覆滿淸的意思。

興中會成立之次年（一八九五），中山先生即謀在廣州擧義，事敗，陸皓東等人被捕就義。此爲國民革命第一次失敗。中山先生亦爲香港所放逐，爲期五年。乃東遊日本、美洲、歐洲、向各地華僑宣傳革命。次年，在英有倫敦蒙難之事發生，於是中山先生之聲名大噪，國際間咸知其爲中國革命領袖。光緒二十三年（一八九七）離歐赴日，是時康梁正奔走維新，甚少人膺服革命理論。戊戌政變後，康梁在海外組保皇黨，亦處處與革命爲難，據中山先生自述：「自乙未初敗以至於庚子（一八九五——一九〇〇），此五年之間，爲革命最艱難困苦之時代也。適於其時有保皇黨發生，爲虎作倀，其反對革命，反對共和，比淸廷爲尤甚」。迨義和團事變發生，淸廷大失人心，保皇黨之氣燄稍殺。自後在海外之中國留學生，始逐漸羣趨於革命之旗幟下，而中山先生亦於此期揭櫫其三民主義，五權憲法的主張。光緒三十一年（一九〇五）中山先生由歐赴日，時留日中國學生最多，革命思潮亦最熾盛，但無統一之組織。中山先生乃聯合各革命集團，共組同盟會。至是，國民革命運動的聲勢，漸趨浩大。

同盟會入會之誓詞有「驅逐韃虜，恢復中華，創立民國，平均地權」等語，此卽涵蓋三民主義的概念。同盟會並組織軍政府，發表宣言，闡述軍政府之宗旨及條理，佈告國民。這篇宣言很重要，它不特簡單明白說出革命的宗旨在實行三民主義，而且建國的三個程序：軍治之治、約法之治、憲法之治，亦首次標揭於國人之前。同盟會成立後，革命行動日趨積極，革命志士，紛紛潛回國內舉義，或攻佔城池，或暗殺清吏，屢敗屢起，前仆後繼，終於宣統三年（一九一一）推翻滿清，建立民國。時中山先生已四十六歲，距他立志革命，已二十六年。

第二節　革命工作的艱難

國民革命運動在顛覆滿清以前，有十數次失敗，迄於辛亥革命（一九一一）始獲得初步成功，究其原因，頗不簡單：

第一是華僑社會之保守。我們大家都承認華僑是中國革命之母，對革命事業有極大貢獻。然華僑之能贊助革命，中間亦不知經過幾許波折。按華僑離鄉別里在海外孤苦奮鬪，雖然身處西洋社會，但多數人均勞苦終日，無暇接受高深教育，對於中山先生所鼓吹的三民主義，除民族主義的推翻滿清一點尙易接受外，其他均茫然不易理解。且自康梁在海外組保皇黨後，由於康有爲是進士，又曾作過「帝師」，比起中山先生的毫無功名來，自易號召。加上梁啓超富於煽動性的宣傳文字，在所謂「名爲保皇，實卽革命」的糢糊不淸的口號下，使許多華僑知識份子，傾向保皇，而反對革命。例如橫濱的大同學校，原是興中會的勢力，但康有爲逃亡到日本後，竟使該校轉入保皇黨的陣營。檀香山本是興中會的發祥地，革命勢力很大，而梁啓超到檀後大吹保皇卽革命，結果興中會會員多半轉入康黨。中山先生辛苦獲得的同志，竟因此喪失。這種情形，直到八國聯軍之役後，始有轉機。其次，華僑卽使信仰革命，但各人在海外均有事業，不能直接參加革命行動，祇能捐款幫助革命。而華僑出國時，均係赤手空拳，在外人歧視凌辱之下，憑着血汗掙錢，省衣縮食，始有積蓄，要他們將胼手胝足所得的金錢，捐助毫無希望的革命事業，確非易事。中山先生要憑他個人的學識、人格、以及愛國的熱忱，去感動華僑，捐款贊助革命，斷非一般人所想像之易。所以每當中山先生籌計革命時，所需款項，往往緩急不濟，使擧義之事，功虧一簣。

第二是會黨份子之複雜。國民革命運動的初期，甚少知識份子的同志，因爲當時的知識份子還醉心於改革，將救國的希望寄託在腐朽的滿淸政府上，所以中山先生祇得致力於聯絡會黨，以作擧義的基礎力量。中國社會秘密會黨組織的源起，多帶有歷史上種族舊恨的色彩，但爲時已久，若干會黨人士已逐漸遺忘其本來宗旨，故其份子亦良莠不齊。經過中山先生的宣傳，始告覺醒，起而歸附革命運動。然中山先生不能個別地向每一會黨人士宣傳，祇能使會黨領袖接受感召，其他人士，則接受其領袖的號召，齊集於革命旗幟之下，其中心並無堅强的革命信仰，故其行動亦乏持久的熱忱。甚至若干會黨領袖亦認識不清，如光緒二十一年（一八九五）謀在廣州舉義之前，會黨領袖楊衢雲爭任「總辦」，否則便不率衆行動，中山先生爲顧全大局，乃以總辦之職讓與楊衢雲。會黨份子對革命的認識不够，是屢次舉義失敗的主要原因之一。

第三是留學生之意見紛歧。自義和團之亂後，中國海外留學生相率加入革命陣營，然其中能瞭解三民主義眞諦者，亦不多見。如同盟會在東京成立時，大家對會名及誓詞，卽意見紛歧：有主張用「對滿同盟會」者，有主張取消誓詞中「平均地權」一語者，均經中山先生詳加解釋，始行通過。按當時人士所了解之革命運動，多僅限於傾覆滿淸而止，對民權主義與民生主義，多無信仰，因此對中山先生的領導，亦不能全部接受。

第四是革命運動的組織不健全。革命運動必需有堅强嚴密的組織，但因會黨份子複雜，常將革命之機密外洩，幾次革命，均因此而遭受失敗，使革命運動慘受犧牲。海外知識份子多自視甚高，不願服從他人。光緒三十一年（一九〇五）春，中山先生在歐洲接受留學生加入與中會時，若干人對誓辭中「對天盟誓」四字，卽表不滿，甚至有向使館告密之背叛事件發生。因組織不健全，亦有人個人行動，因之危害有計劃之舉義。如宣統三年（一九一一）三月十日溫生才謀刺廣東水師提督李準，誤炸將軍孚琦之事。溫烈士之捨身爲國，自足令人景仰。然因此事刺激，淸吏加緊嚴防，使三月二十九日廣州之役的籌備工作，大受影響。傾全黨之力以謀一擧的有組織行動，因之挫敗，犧牲慘重，與革命組織不健全有很大的關係。

從上述四點，使我們知道革命進行是如何困難。

第三節　辛亥革命

顚覆滿清的革命，稱爲「辛亥革命」卽辛亥年的革命（一九一一）。辛亥年共有兩次革命舉義：一是廣州三月二十九日黃花崗之役，一是十月十日武昌首義。兩次舉義合稱爲辛亥革命，卽推翻滿清建立民國的革命。按同盟會籌劃革命的中心地在香港，中山先生因被港政府放逐，乃將直接推行革命的工作交付於黃興、趙聲、胡漢民諸人，己則在海外籌款。辛亥前一年，黃興等聯絡廣東新軍起事失敗，氣餒萬分，中山先生乃自美赴馬來半島之檳榔嶼，召黃、趙、胡等人赴會，決謀大舉。議定由中山先生籌款十萬元，並以廣東偏處南陲，一地起事，不足震撼全國，乃籌劃在京滬、武漢等地設置革命機關，準備響應。辛亥年元月，譚人鳳由黃興處携款潛赴武漢，以八百元付居正與孫武，武漢之革命機關遂以成立。三月二十九日廣州擧義失敗，全黨菁華，「付之一炬」，爲革命運動以來，損失最大之一役。蓋以往各役，在前敵奮勇犧牲者，多爲會黨份子，而三月二十九日廣州之役，參加者多爲同盟會的優秀知識份子，爲革命陣營之中堅。此役殉難烈士中，有留日學生八人，此外多爲學校敎員、報館經理、記者、僑商、軍官、傳敎士以及農人工人俱全。其年齡多在二三十之間，最幼者僅十八歲。其犧牲之壯烈，從容殉難之精神，眞是「草木爲之含悲，風雲因而變色」，全國人心之振奮固不待言，而清吏亦因之一聞革命便驚心落魄。三月二十九日之役以失敗過速，各地革命黨不及響應，然仍暗中進行革命工作，一百八十五日後，遂有武昌首義，一舉而將滿清顚傾。

武昌首義成功的原因有四：

（一）中山先生云：「武昌之成功，乃成於意外，其主因則在瑞澂一逃。倘瑞澂不逃，則張彪斷不走，而彼之統馭必不失，秩序必不亂也。以當時武昌新軍，其贊成革命者之大部分，已由端方調往四川，其尚留武昌者，祇礮兵及工程營之小部分耳。」湖廣總督瑞澂潛逃之原因有二：（甲）廣州三月二十九日之役革命志士捨命忘身，在光天化日軍警林立的廣州市區，橫衝直闖的事實，使瑞澂一聞革命二字便喪魂失魄，毫無抵抗意志。（乙）瑞澂本擬逃往租界求援於各國領事，誑稱拳匪之亂復作。時距拳亂不過十年，外人一提此事尙有談虎色變之感。各國領事開會決議一致行動時，中山先生舊交法領羅氏云：民軍稱乃奉孫逸仙之命行動，孫氏所領導之革命乃以改良政治爲目的，決非拳匪可比，於是各國宣告中立。瑞澂求外力干涉不得，遠竄上海。民軍遂得據武漢。是瑞澂之逃，仍以廣州三月二十九日之役與民軍奉中山先生之名起義爲關鍵。

（二）武漢地處全國心臟，一旦爲民軍所佔，全國震動。清廷正因將川漢，粵漢兩鐵路收回國有之事，激起川、湘、鄂、粵等四省人民公憤，故全國國民一聞民軍首義，莫不紛紛響應。時清廷正用準備立憲以收攬人心。宣統元年（一九〇九）各省已成立諮議局，中央成立資政院。各諮議局議員多為熱心立憲黨人，不滿清廷口是心非之偽立憲，屢次派代表向北京請願，均無結果。清廷竟對請願代表施行高壓，因此激起立憲黨人反感。武昌首義，各省潛伏之革命黨人乃因勢導利，敦促諮議局議員贊助革命。各省紛紛宣布獨立之形勢由是造成。

（三）袁世凱運用其個人實力以挾制清室，並暗通民軍，固屬純為私利，毫不足取，然就當時形勢而言，對清室之傾覆，亦有影響。按袁世凱自拳亂後，即任直隸總督北洋大臣。光緒二十九年（一九〇三）復受命練軍六鎮（每鎮約一萬伍千人），成為滿清政府實力派首領。光緒三十四年（一九〇八）冬慈禧與德宗相繼去世，攝政王載灃當政，立即命袁世凱「開缺回籍養痾」。武昌首義後，清廷派北洋軍兩鎮南下，並起用袁世凱為湖廣總督以便調度軍隊。袁初拒絕以示要挾，清廷祇得承諾將軍權全部授與，始出而視帥。時駐灤州的二十鎮統制張紹曾，通電要求立即立憲，山西亦宣告獨立，清廷震恐，北京人心惶惶，親貴紛紛攜眷避難，攝政王束手無策，乃宣布立憲，任袁世凱為內閣總理。袁率兵入京，並用出征名義，將禁衛軍調出北京，於是滿清王室遂全部落入袁世凱掌握中，南北用會議方式解決滿清政府之途徑遂開。

（四）武昌首義後，全國各地除直、魯、豫及東北三省外，均已獨立，但無統一之組織。武昌與上海兩方的民軍領袖，對召開各省代表會議的地點問題，意見極不一致。雙方堅持不下，最後決定在武昌開會時，而漢陽復失，武昌危殆，代表在漢口租界開會。幸南京收復，乃議決臨時政府設南京。聚於上海之代表亦決定暫以南京爲首都，並推選黃興爲大元帥，黎元洪爲副元帥。武漢方面通電反對，認爲不合法。幾經磋商調解，改以黎元洪爲大元帥，黃興副之，然黃興堅持不受。鄂滬爭持不決，民軍不能組織統一政府，便有分裂危機。幸此時中山先生歸國，民軍內部之爭執，迎刃而解，各省代表推選中山先生爲中華民國臨時大總統，革命力團結一致，傾覆清室的工作，乃得完成。

袁世凱任內閣總理後，派唐紹儀爲代表與民軍代表伍廷芳議和上海（一九一一年十一月），雙方決議停戰，召開國民會議，解決君主抑或共和的國體問題。迨中山先生被選爲臨時大總統，袁世凱甚不快意，嗾使其部將段琪瑞、馮國璋等電請內閣維持君主立憲政體，反對共和，欲恫嚇民軍。中山先生固不爲所動，然「不忍南北戰爭，生靈塗炭」，故暗示如清帝退位，決以大總統位置讓與袁世凱。故和議表面決裂，實暗中進行。俟條件已談判成熟，袁世凱再使段琪瑞等人通電贊成共和，清室見徒事掙扎，已無濟於事，乃於二月十二日宣布退位。袁世凱亦通電孫大總統聲稱「共和爲最良國體，……永不使君主政治再行於中國。」中山先生以推翻專制之目的已達，咨請臨時參議院，允其辭職，並以「此次清帝退位，南北統一，袁君之力實多，其發表政見，更爲絕對贊成共和」爲理由，向臨參院推薦選舉袁世凱大總統。二月十四日，袁世凱當選，三月十日在北京就職。三月十一日孫大總統公布「中華民國臨時約法」，四月一日中山先生正式解職。經過二十餘年的艱苦奮鬪，國民革命的初步工作，始告完成。

第四節　國民革命之頓挫

就中山先生整個國民革命運動而言，推翻滿清政府，僅僅是達到救國目的必經的階段，國民革命運動的工作尙須繼續努力。民國元年四月十日，解職以後九日，他在湖北各界代表歡迎會上演說時稱：

僕此次解職，外間頗謂僕功成身退，此實不然。身退誠有之，功成則未也。僕之解職，有兩原因：一、在速享國民的自由；一、盡瘁社會事業。吾國種族革命，政治革命，俱已成功，惟社會革命，尙未着手。故社會事業，在今日非常緊要。誠以中國四萬萬人析之，居政界者，多不過五萬人，居軍界者，多不過百萬人，餘皆普通人民。是着眼於人數，已覺社會事業萬萬不可緩辦。未統一以前，政事軍事皆極重要。而統一以後，重心又移在社會問題。前者乃犧牲自由之事，後者乃擴張自由之事，二者並行不悖。僕此次解職，卽願爲一人民事業之發起人。

因爲國民革命的目的，是「爲國民多數造幸福」，所以他決定從事社會事業。社會事業仍嫌空洞，乃提出修築鐵路一事。民國元年九月，中山先生到北京，卽向報界發表談話，從此不厠身政界，「擬於十年之內。修築全國鐵路二十萬里」。他這種不計個人祿位，一心救國救民的宏願，竟不能得到當時國人的諒解，甚至若干同盟會的會員，亦不了解他遠瞻高矚的計劃。蓋多數革命黨人，都祇抱狹義的種族主義而參加革命，誤把排滿當作目的。遠在同盟會成立時，中山先生卽諄諄訓誡各黨員道：「革命之宗旨，不專在排滿。」在民報發刊詞上，卽揭櫫三民主義，以爲國民革命之目標，他說：

今者中國以千年專制之毒而不解，異種殘之，外邦逼之，民族主義，民權主義，殆不可須臾緩。而民生主義，歐美所慮積重難返者，中國獨受病未深而去之易。是故，或於人爲旣往之成績，或爲我方未來之大患，要爲善吾羣所有事，則不可不並時而張弛之。……夫歐美之禍，伏之數十年，及今而後發現之，又不能使之遽去，吾國治民生主義者，發達最早，覩其禍害於未萌，誠可舉政治革命，社會革命，畢其功於一役，還視歐義，且瞠乎後也。（一九〇五）

次年，他在祝民報紀元節的演詞中，復再三說明「民族主義，並非是遇着不同種族的人，便要排斥他」。又說：「惟兄弟曾聽見人說，民族革命，是要盡滅滿洲民族，這話大錯。民族革命的緣故，是不甘心滿洲人滅我們的國，主我們的政，定要撲滅他的政府，光復我們民族的國家；這樣看來，我們並不是恨滿洲人，是恨害漢人的滿洲人」。但抱狹義種族思想的人，仍然很多，如光復會（合併於同盟會）的章炳麟等，要創立漢人政府者，是極端的代表，他們的口號是：

黃河溯源長江潮　衞我中華漢族豪

莫使滿胡留片甲　軒轅神胄是天驕

存這類思想的人，一到滿清推翻，便認定革命已經成功，自不待言。

有人認爲中山先生排滿的思想，亦頗强烈。他發表的排滿言論甚多，如光緒三十年（一九〇四）他在檀香山發表「駁保皇報」一文說：

曾亦知瓜分之原因乎？政府無振作，人民不奮發也。政府若有振作，則强橫如俄羅斯，殘暴如土爾其，外人不敢側目也。……彼外國知吾民之不易與，不能垂手而得吾尺寸之地，則彼雖貪欲無厭，猶有戒心也。今有滿清政府爲之鷹犬，則彼外國者，欲取吾土地，有予取予攜之便矣。故免瓜分，非先倒滿清政府，否則無挽救之法也。

同年，他用英文寫「中國問題的眞解決」一文，向西洋人闡明中國歷史上素無排外之事。迨自清代建國，政策就漸漸改變，全國對外都禁止通商，教士都驅逐出境，本國的基督教徒常被屠殺；而中國人也都不得移居中國邊境以外，如有違犯便處死刑。爲什麼這樣呢？不過因爲滿洲恐怕中國人與外國人接觸後，知識開通而引起他們的民族意識，於是排除外國人於中國境外，並鼓勵人民恨外國人。滿洲人養成這種排外的精神，最後遂造成一九〇〇年義和團之亂的結局。現在都已知道這個運動的領袖，不是別人，而是皇族。由此看來，中國閉關自守政策，並不能代表大多數中國人的意志。閉關自守，盲目排外，使中國積弱不振，其責均在滿清政府。惟有打倒滿清，始可免於亡國。我們分析許多中山先生的排滿言論，實是視滿清為拯救中國於危亡之境的障礙，排滿乃是救國的手段，而非目的。祇有同盟會宣言（一九〇五）「驅逐韃虜，恢復中華」為例外。但我們知道同盟會是滙合若干革命團體組成，其宣言自得容納各方意見，何況中山先生在宣言及加盟誓詞中，堅持加上「建立民國」與「平均地權」的主張，且口頭告誡同志「革命之宗旨，不專在排滿」，故宣言中的民族主義似乎以排滿為目的，然排滿之民族主義僅為革命宗旨之一，而非惟一。可見中山先生之排滿，與一般人之排滿，有極大的差別。此所以清帝一退位，章炳麟等人便脫離同盟會，另組「中華民國聯合會」，孫武等人亦擁黎元洪另組「民社」也。

或問中山先生幼時因聽洪秀全故事，而生排滿思想，則國民革命運動豈非與太平軍一脈相承？此實似是而非的論調。按太平軍以打倒滿清為號召，博得若干知識份子同情與贊助，究其實質，不可稱為種族主義者，本書第四章已有論述。太平軍覆亡後，民間因憎恨滿清政府，對洪秀全有所懷念，而將其事跡稍事渲染，略加附會，亦人情之常。中山先生年十一歲時，聽太平天國老兵談洪楊故事，以一稚齡兒童，能因聽前人遺事，遂激發民族思想，慨然立下光復漢族的大志，自足見中山先生之秉賦超凡。然太平軍對中山先生之影響，亦僅止於此。此後，中山先生吸收西洋文化精髓，鑽研中國文化奥竅，然後釐訂國民革命運動方略，可謂與太平軍毫無關係。即以種族思想而論，洪楊一面要顛覆滿清光復漢族，一面却稱孔孟之學爲妖書，欲毁滅中國文化，與中山先生恢復固有文化之說，相去何啻天壤。

由於革命黨人將國民革命的目的與手段混淆不清，故滿清打倒後，革命陣營遂告分裂，已如上述。尤有進者，卽平素膺服中山先生的黨員，於民國成立後，亦有手忙脚亂，自亂步伐的事情發生。其最顯著者，莫若黃興與宋敎仁。按袁世凱不願南下就職，仍株守其勢力根深蒂固的北京，已可略窺其宅心不良。然民軍尙有實力，黃興任南京留守，統率此輩民軍，亦足以使袁世凱有所憚忌。惟黃興爲人忠厚，爲表示澈底擁護政府，竟將革命軍解散，並親赴北京勸說北洋軍閥、官僚、政客等人參加國民黨（民國元年八月二十五日由同盟會合併小黨而成），甚至勸袁世凱參加國民黨。在黃興心目中，以爲一切舊勢力，祇要加入國民黨，便可改頭換面，成爲革命之忠實擁護者。中山先生雖不贊成黃興的作法，但亦禁阻不得。時民國初誕生，基礎未鞏，革命武力一旦消滅，反動者遂得肆其所欲。其對革命毫無信仰之輩相率加入國民黨，更足使革命力量軟化，破壞革命陣營，莫此爲甚。

其次是宋敎仁的組織國民黨。宋敎仁於光緒三十年留學日本，次年加入同盟會，任民報經理，擅長文學，嫻於詞令，果敢忠誠，爲同盟會中堅份子。南京臨時政府時期任法制院院長，臨時政府法令，多由其擘劃而成。是時卽力主實行責任內閣制，意見不爲多數代表所採納，故未通過。迨袁世凱下令選舉議員，召開國會制定憲法，宋教仁便提出「毀黨造黨」之主張，欲化林立之小黨爲兩大政黨，以實現責任內閣制。民國元年八月二十五日，在宋教仁擘劃之下，同盟會與其他四黨合併改組而成國民黨，推中山先生爲理事長。中山先生對宋教仁的主張素不贊同，他認爲民國肇基伊始，民智未開，未經訓政時期，貿然實行憲政，必貽國家以無窮之患。早在同盟會宣言中他已提出建國三程序：第一期爲軍法之治，以掃除各種積弊爲主要工作。第二期爲約法之治，「全國行約法六年後，制定憲法，軍政府解兵權行政權，國民公舉大總統，公舉國會議員，以組織國會。」第三期始憲法之治，「一國之政事，依憲法行之。」中山先生這種見解，在南京臨時政府時期，已不爲大家所接受，故臨時參議院所通過的臨時約法規定卽召開國會。他在「孫文學說」一書中曾感慨繫之：

民國建元之初，余極力主張施行革命方略以達革命建設之目的……而吾黨之士，多期期以爲不可。雖曉諭再三，辯論再四，卒無成效，莫不以予之理想太高。……嗚呼，是豈予之理想太高哉，毋乃當時黨人知識太低耶？……此予之所以萌退志，而於南京政府成立之後，仍繼續停戰，重開和議也。

他既不贊成立卽實施憲政，當然更反對籌組政黨。但宋教仁仍執迷政黨政治的理想，故中山先生要說

「余爲民國總統時之主張，反不如爲革命領袖時之有效而見之實施矣！」

中山先生旣無法開導當時多數黨人的蔽錮，乃主張將政權全部交與袁世凱，希能在安定中求進步。所以他退職後卽到處發表從事社會建設的言論，想躬率黨員，以在野之身份從事謀全民福利的工作，而不以政黨之地位與袁世凱爭政權。陳其美寫給黃興的信上曾說：

其後中山先生退職矣！欲率同志爲純粹在野黨，專從事擴張敎育，振興實業，以立民國國家百年之大計，而盡讓政權於袁氏；吾人又以空涉理想而反對之，且時有干涉政府用人行政之態度。卒至朝野冰炭，政黨水火，旣惹袁氏之忌，更起天下之疑。

陳其美之言，至足說明中山先生於民國初建時之政策，以及一般不明革命理論黨員之謬妄。故中山先生雖被推爲國民黨理事長，但始終未就職。

宋敎仁不聽中山先生規勸，欲按憲政常軌與袁世凱抗衡，自招袁之嫉恨。而國會議員選擧之結果，國民黨大勝，得議員三百九十二席（總計八百七十席）。如果國會召開，宋敎仁政見必定勝利，袁世凱乃不惜以最卑劣之手段使人刺殺宋敎仁於上海車站（民國二年三月二十日）。宋案之後，袁世凱已撕開假面具，積極備戰。三個月後，遂有二次革命之擧，又三月，而袁世凱下令解散國民黨。從此，國民革命事業，得再從頭做起。

中山先生非不知袁世凱之奸惡，但鑑於形勢，寧可暫時使袁滿足其權位的慾望，以維持國家的和平安定，而可爲此先天不足的新生兒——中華民國，樹立幾分基礎。他棄大總統如敝屣，不惜委曲求全的動機在此。不幸宋敎仁不能瞭解中山先生的苦心孤詣，參悟不透革命的大道理，祇憑一腔熱忱，欲達到抑制袁世凱的目的。他的被刺，誠是革命陣營的一大損失，然尤其重要者，是革命黨人從此失掉在和平中盡瘁建國工作的機會，而被迫不得不再從事流血革命的工作。

倘若黃興能遵從中山先生的指示，不將南京留守撤銷。則革命軍的存在，可使袁世凱有所顧忌。卽使違法，也有力量制裁。倘使宋敎仁能追隨中山先生，率領黨員從事社會事業，決不致弄到「朝野冰炭，政黨水火」的局面。如果黃宋二人均能服從革命領袖的指導，則既有武力爲後盾，以制不法之徒，革命黨人從事社會建設事業復不致遭目中祇有祿位的袁世凱之疑懼；苟能如此，中華民國何致於落到後日淒慘的田地。每治史至此，焉得不令人投筆長嘆！

本章主要參考書

中山先生全集。
鄒魯：中國國民黨民黨史稿。
李宗黃：中國革命史。
崔書琴：三民主義新論。

鄧澤如：中國國民黨二十年史蹟。
張其昀：黨史概要。

第十二章　多災多難的中華民國

第一節　中華民國的暗礁

滿清政府顚覆之速，與其兩百六十八年前得國之易，如出一轍。此在國民而言，固因之減少許多生命財產之損失，然亦同時爲中華民國預伏下後來紛亂的禍根。

就中國一般民衆而言，平素絕少政治敎育，亦無政治興趣，過着「天高皇帝遠」的生活。一覺醒來，突然變成民國的人民，國家的主人翁，他們雖然取得了民國主人翁的資格，但不知道如何盡其職責。革命黨人在滿清推翻以前，秘密進行工作，並無宣傳革命的機會，民國肇建後，絕對大多數的黨人，都忙於自身的從政事業，無暇，也無意向一般國民灌輸政治敎育。當一般國民尙茫然不解民主政治爲何物的時候，卽實施憲政，進行選舉。民國二年四月八日在北京召開的國會，便是這種情形下的產物。

被選出的議員以國民黨佔多數，因爲國民黨承繼同盟會，有推翻滿清建立民國的功績，易爲選民所瞭解。然其中順風轉舵，投機取巧，掛名黨籍的人亦復不少。國會中第二大黨爲共和黨，多數爲舊日資政院或各省諮議局的人士組成，名爲中華民國的政黨，實際上是滿淸政府的舊人，不過是陳酒換裝新瓶。其他大小政黨，如雨後春筍，其能被選爲國會議員，無非是憑藉金錢勢力而已，更不足道。

至於各省首長，一部份是新軍軍官，他們在革命前的官階都不甚高，因年紀靑而富於理想，同情革命，一聞武昌首義，羣起響應，驅逐淸吏，宣布獨立。這類新人物主持一省大政，其經驗閱歷與學識都成問題。另一部份則爲各省諮議局的領袖，起而附和革命，其多數原爲立憲派的健將，對於國民革命素無信仰，甚至衷心反對革命者，亦不乏人。此外則爲滿淸大吏之靠攏者，其動機在保全祿位。由這類人物主持民國的地方行政，其不能認眞推行國民革命工作自不待言。眞正屬於革命黨人者，僅上海的陳其美與廣東的胡漢民兩人，勢孤力弱，於大局無所裨益。迨第二次革命（二年十月）失敗後，袁世凱將其部下心腹將領，分別遣任各省都督（元年以都督管軍，民政長管民政。三年改民政由巡按使負責，都督爲督軍。五年改巡按使爲省長，督軍仍舊），於是地方政府遂爲軍人所把持，各省形同半獨立，目無中央政府，爲日後南北軍閥混戰局面的根源。

尤其重要者爲負全國重任的袁世凱。袁世凱自光緒十年（一八八四）在朝鮮始露頭角，得到李鴻章賞識。甲午戰爭時歸國，在天津附近新農鎭練新建軍，頗負時譽。時直隸總督所統武衛軍，由馬玉崑、聶士成、董福祥、袁世凱等四人分別率領。光緒二十五年（一八九九）袁世凱出任山東巡撫，率其新建軍往剿義和團，馬、聶、董等三人所領軍隊全毀於八國聯軍之役，於是北洋僅袁世凱一軍完整。辛丑和約後，因李鴻章臨死前之推薦，亦以事實上之需要（用袁軍拱衞京畿），遂任袁爲直隸總督。光緒二十九年（一九〇三）清廷設練兵局，以慶親王奕劻主其事，實際則袁世凱負責。練兵局擬全國練兵三十六鎭（鎭下設協、標、營、隊、排、棚），北洋練六鎭。各省財力與人材均成問題，敷衍搪塞，未認眞實行。僅張之洞在湖北練新軍一鎭另一協（張彪任鎭統制黎元洪爲協統之一）。袁世凱則集全國財力，以新建軍爲基礎，練兵六鎭。由是，清季惟一握有軍隊實權者，僅袁世凱一人。此卽北洋軍之來源，亦袁世凱權力的憑藉。

袁世凱之取得中華民國大總統地位，旣靠軍力；其個人於未任民國大總統以前，對革命理論亦毫無所知；旣因緣而得任大總統，心目中決無民國，亦不瞭解民主，乃極自然之事。惟民國草創，百廢待舉，自以和平安定爲第一要義，故中山先生之推薦袁世凱，乃基於現實環境最迫切之需要，固非眞心信任袁世凱，上章已闡明。袁世凱爲保持權位之不墜，一面擴張北洋軍閥之實力，一面敷衍民主；敷衍民主的方法，是收買無恥官僚政客。這兩件事都需要錢。所以在刺殺宋敎仁後，便不經國會通過，秘密與英、法、德、日、俄五國銀行團借款，預作擴軍與賄買的資金。

在袁世凱這種政策之下，政治風氣日益敗壞，地方割據勢力自然更加跋扈，國家民族的生機被斲傷無餘。所以我們認爲袁世凱攬權竊位的罪惡猶在其次，由於他而養成政治腐化，世風敗壞，軍閥割據，貽後日無窮之患，纔眞正死有餘辜。

造成這種局勢的原因何在？中山先生有極明確的解答，「心理建設」書中說：

革命有非常之破壞，則不可無非常之建設，蓋際此非常之時，必須非常之建設，乃足以使人民之耳目一新，與國更始也。此革命方略之所以必要也。誠觀法國革命以後，大亂相尋，國體五更，八十年後而共和之局乃定。其故何也？法雖為歐先進文明之邦，人民聰明奮厲，且曾受百十年哲理民權之鼓吹，又模範美國之先例，猶不能由革命一躍而幾於共和憲政之治者，以彼之國體，向為君主專制，而其政治向為中央集權，無新天地為之地盤，無自治為之基礎也。我中國缺憾之點，茲與法同。而吾民之知識，政治之能力，更遠不如法國。此予所以創一過渡時期為之補救也。在此時期，行約法之治，以訓導人民，實行地方自治。惜當時同志，不明其故，不行予所主張，而祇採予約法之名，以定臨時約法，而為共和之治。反以予之方略計劃為難行，抑何不思之甚耶。

「中國革命」文中又說：

由軍政時期一蹴而至憲政時期，絕不予革命政府以訓練人民之時間，又決不予人民以養成自治能力之時間。於是第一流弊，在舊污未由蕩滌，新治未由推行。第二流弊，在粉飾舊污以為新治。第三流弊，在發揚舊污，壓抑新治。更端言之：即第一民治不能實現。第二假民治之名，行專制之實。第三則並民治之名而去之也。訓政時期在以縣為自治單位，蓋必如是，然後民權始有所託，主權在民之規定，始不致成爲空文也。於此忽之，其弊不可勝言。揚棄革命方略的後果，眞是「其弊不可勝言」，民國四年十二月，袁世凱宣布作皇帝，將民國五年改爲「洪憲元年」，果然「並民治之名而去之」了。

民國五年六月六日，袁世凱在衆叛親離的情況下，羞憤而死，他個人的權位，隨着他的生命而消逝，但他所遺留下來的惡果，却無窮盡地讓中國全體國民慢慢去領受。

第二節　軍閥混戰

袁世凱死後，黎元洪以副總統資格繼任爲大總統，恢復被袁所廢棄的「民元約法」（卽臨時約法），召集被袁所解散的舊國會（卽二年四月的國會），選馮國璋爲副總統，任段祺瑞爲國務總理。中國表面上復歸統一，事實上南方的唐繼堯（雲南）、陸榮廷（兩廣）已經崛起，不受北京政府的號令。卽以北洋軍閥而論，亦各懷鬼胎，同床異夢，彼此勾心鬪角，爾詐我虞，各爲自己的權益打算盤。段祺瑞爲了對付叫囂的國會，所以組織「督軍團」以與之抗衡；爲了擴張實力，遂提出參加歐戰的口號，以便對外借款。大總統黎元洪「無聞無見，日以坐待蓋章爲盡職」（他的秘書長所形容）（六年五月七日）；因恐國會不通過參戰議案，段祺瑞用錢買了一些「公民」，組織「公民團」，包圍國會。內閣其他閣員，不滿段的作法，相率職辭，祇剩下段總理一人，恃有督軍團撐腰，堅不辭職。黎元洪下令將段免職，段卽至天津，擁段的八省督軍宣布「獨立」。黎元洪乃召徐州的張勳入京，張勳與效忠清室的康有爲早有聯絡，趁勢用武力威脅黎元洪，解散國會，擁清廢帝溥儀復辟。黎大總統逃日使館避難。段祺瑞以解散國會與驅逐黎元洪的目的，均假張辮帥（張勳及其部下均留有辮子）之手完成，乃在馬廠誓師，攻擊張勳。「辮子兵」不敵，張勳逃走，馮國璋繼任爲大總統（六年七月），段祺瑞復任國務總理。

段祺瑞再任國務總理後，認爲中華民國已經「亡」了（復辟僅十二天），所以民元約法及舊國會已不應再存在。竟自另行召集臨時參議會，制定「國會組織法」，「國會議員選舉法」。同時對德國宣戰（八月十四）。中山先生雖十分不贊成民元約法，但對破壞法統的行爲，却堅決反對。七月十二日，中山先生率海軍第一艦隊由滬抵粵，宣布兩廣自主，電迎舊國會議員南下，開非常國會於廣州。九月組織軍政府，中山先生被舉爲大元帥，唐繼堯、陸榮廷分任副元帥，痛斥段祺瑞破壞法統，背叛民國，下令討伐。護法戰爭開始，南北分裂之局面由是形成。

南方政府所統轄之區域名義上有兩廣、雲、貴四省，然唐、陸等人擁護中山先生，不過利用其革命元勳的名義以資號召，私心仍在藉護法之名以擴張地盤。北方的段琪祺借參戰之名，大借日債，組織所謂「參戰軍」，擴張一已之武力，實行「對外宣而不戰，對內戰而不宣」的政策。因其大權獨攬，與馮國璋發生摩擦，北洋軍閥內部遂生裂痕（段於六月十一日因此去職，改任參戰督辦）。

護法戰爭中，南北兩軍均因內部問題，不能全力赴戰，相峙於湖南境內，勝負未決。不久北方新國會選舉徐世昌爲大總統（七年十月），欲留副總統與南方，以便和議。中山先生雖任軍政府大元帥，但無軍權，主張不能貫澈，遂憤而職辭赴滬（七年五月）。軍政府改組，由岑春煊、陸榮廷、唐繼堯、唐紹儀、伍廷芳、林葆懌、中山先生等七人爲總裁，岑春煊任主席總裁（中山先生未就職）。中山先生到滬後，卽從事加强革命組織與闡揚革命理論的工作，他有名的「孫文學說」，便是在此時着手寫成。

南北政府俱已改組，雙方派代表到上海議和，但均無誠意，故和議從民國八年二月起到民國九年五月止，毫無結果而散。演變至此時，各軍閥間之利害衝突，日益尖銳化，所謂政府，已至有名無實之境，一連串混戰從此爆發，全國分裂成無數小獨立國，互相殺伐，迄無寧日。直到民國十七年國民革命軍北伐完成，四分五裂的局面，纔告結束。這八年間的大戰與大事計有：

（一）九年七月直皖戰爭。段祺瑞爲皖系領袖，與直系馮國璋火併。直系聯絡東北張作霖（奉系）合攻皖系。七月十四日開戰，不四五日，皖軍大敗，段祺瑞下野，北方政府由直奉兩系把持。

（二）九年八月粵桂戰爭。廣東本爲滇、桂兩軍盤據，九年一月滇軍被桂軍所逐，八月粵軍在陳烱明率領下，自閩南攻廣東，逐桂軍。迎中山先生返粵。

（三）民國十一年四月直奉戰爭。張作霖於段祺瑞倒後，得利最多，復伸展其勢力於北京政府。直系首領曹錕本昏庸之人，實心與張聯絡（結爲兒女親家）。然其部下戰功最高的兩湖巡閱使吳佩孚對奉系不滿。十一年元月，吳佩孚通電責備奉張所支持的國務總理梁士詒賣國（在華盛頓會議中對日本讓步）。四月大戰爆發，五月奉軍敗，撤兵出關宣布獨立。至此直系得獨攬北京政府大權。直奉戰爭結束數日，孫傳芳（直系）通電恢復民元約法及舊國會，請黎元洪回大總統任。六月，黎入京復職。

（四）十一年六月十六日陳烱明之叛。九年十月中山先生返粵後，以北方政府之大總統徐世昌不合法，乃由非常國會選擧中山先生爲非常大總統（十年四月）。中山先生就職後北伐，陳烱明暗中時加阻撓。十一年六月徐世昌辭職，民元約法表面恢復後，陳烱明乃以此爲藉口，肆行叛變。中山先生避難軍艦，九月八日始赴滬。

（五）十二年二月廣東之戰。滇桂軍首領楊希閔、劉震寰逐陳烱明出廣州，迎中山先生南下，組大本營，中山先生任大元帥。

（六）十三年十月第二次直奉戰爭。直系軍閥政客於相繼戰勝段祺瑞、張作霖後，躊躇滿志。曹錕便欲作總統。十二年六月用「公民團」逼走黎元洪，十月以五千元一張選票賄賂國會議員，當選爲大總統。直系此擧，引起全國反對。十三年十月，奉張乘機出兵討曹。曹部軍閥馮玉祥倒戈，秘密自熱河回師北京，囚曹錕。吳佩孚逃湖北。張、馮共擁段祺瑞出任臨時執政，合總統與總理之權於一身，蓋舊國會因賄選之故，已爲國人所棄。

（七）十四年三月十二日中山先生逝世。段張等人於曹錕敗後，共邀中山先生北上籌議統一問題。中山先生主張召開國民會議，並廢除不平等條約。段召集各省軍政首長代表組成善後會議，接受各國尊重不平等條約的通牒，與中山先生之意大相庭逕。適中山先生肝疾復發，十四年三月十二日病逝於北京，臨終尙以「和平、奮鬪、救中國」爲囑。

（八）十四年一月齊盧之戰。十三年全國反直系大戰時，皖系浙督盧永祥，受直系蘇督齊爕元與閩督孫傳芳之夾攻，盧永祥失敗走日本，轉瀋陽，投靠張作霖門下。迨遭吳失勢，段任執政，盧永祥在皖奉兩系支持下，攻入江蘇，齊爕元敗走，奉系勢力遂達山東、安徽、江蘇三省。

（九）十四年十月直奉再戰於東南。孫傳芳知與奉系戰爭不可避免，乃先發制人。十四年双十節調兵，進佔上海，奉軍北退，十一月孫軍佔徐州。孫傳芳一躍爲南方大軍閥。組浙、閩、皖、贛、蘇五省聯軍，自任總司令。

（十）十四年十二月張馮戰爭。馮玉祥聯絡張作霖部將郭松齡合力攻張，郭倒戈失敗，馮軍小勝，進佔天津。

（十一）十五年一月直奉聯合攻馮軍。直奉兩系，本仇深似海。然張作霖恨馮玉祥之聯絡郭松齡，吳佩孚恨馮十三年倒戈之擧。於是張吳聯合攻馮軍，四月馮失敗，下野赴俄國。

（十二）十五年四月執政府消滅。段祺瑞本張、馮所擁出，馮既敗，張需與直系聯合，段乃下野。

（十三）十五年六月起之攝政內閣。段祺瑞下野後，張作霖與吳佩孚之間，無法協議一同共擁戴之人。乃由曹錕時最後一任國務總理顏惠慶出而攝政，再由顏任命海軍總長杜錫珪代理國務總理攝政。此後北京連形式上的政府亦不完備了。適於此時，國民革命軍已任蔣中正爲總司令，開始北伐。新的局面，即將展開。

第三節　革命運動的展開

國民革命運動之能從民國初年的顚躓不振中，演變成爲全國國民一致擁護的救國領導力量，其成因絕非偶然，乃是經過長期艱苦奮鬬的結果。

民國元年的國民黨，組成份子龐雜，革命精神渙散，不能負擔其救國救民的任務，前章已有論述。民國二年十一月，袁世凱解散國民黨，其投機取巧，掛名於革命陣營之黨員，已如蟻附羶，紛紛變節；意志不堅，認爲國民革命已經無望者，則歸隱田園，轉業他就。惟少數矢志獻身革命事業，信仰堅强，認識正確的黨人，仍歸附於中山先生旗幟之下，從事國民革命運動而不懈。這一類人所組成的革命團體，稱爲「中華革命黨」。中華革命黨於民國三年七月正式成立於東京，推中山先生爲總理。

中華革命黨組織改爲秘密形式，與政黨性質不同。中山先生組成此黨的原因，「務在正本清源：(一)屛斥官僚；(二)淘汰僞革命黨，以完全統一之效。不致如第一次革命時代，異黨入據，以僞亂眞。」故自表面視之，中華革命黨乃國民黨的改組，而其實質，則無異直接承繼同盟會的國民革命傳統而新生的革命組織。其黨員採寧缺勿濫主義，必須服從中山先生命令者始得入黨。從此眞正革命志士，團結一致奮鬪，成爲今後革命中堅勢力。在反抗袁世凱攬權竊位的運動中，中華革命黨人，前仆後繼，有許多忠勇之革命行動表現。如民國四年十一月刺殺上海鎭守使鄭汝成，十二月肇和之役，陳其美、蔣中正等人在袁世凱大軍嚴防之下，活動海軍起義，事雖不成，而其奮勇犧牲精神，已足令袁世凱膽寒，已足鼓舞全國民心。

中華革命黨成立後，海外革命組織，因向各當地政府登記時，避人耳目，仍沿用國民黨名稱。民國八年國慶日，中山先生以同一革命機構，而國內國外有兩種名稱，可能影響革命進行，乃通告各地黨員，嗣後一律改稱「中國國民黨」，在民國元年的國民黨上冠以中國二字，略示區別，以正視聽。

民國十一年九月，因陳炯明之叛，中山先生離粵赴滬。因見歷次革命失敗，均在革命勢力無廣大民衆支持與黨組織不健全之故。乃決心改訂黨章，加強黨員的組織與訓練，並喚起民衆，以進行救國工作。十二年二月，陳炯明被逐，中山先生南下，十月在廣州召集改組黨務特別會議，決定改組之具體方策。次年（十三年）六月，中國國民黨第一次全國代表大會開會於廣州，通過改訂之黨章及國民政府組織法，發表宣言，闡述對內對外政策。中山先生並在開會致詞提出「建國」的主張。大會閉幕以後，各地黨部紛紛成立，各黨員間亦有了密切的組織聯繫，革命思想遂得普及於民衆。從此，中國民衆開始覺醒，革命空氣彌漫全國，軍閥的末路已到，中國前途顯露曙光。

助長國民革命運動展開的另一重要因素，便是帝國主義的壓迫。按自武昌首義後，帝國主義者即乘機向中國肆行侵略，俄國首先引誘外蒙「獨立」，英國亦乘機扶助西藏「獨立」。民國二年，中國分別承認既成事實，以換取俄英兩國對民國的承認。日本則藉口南京三日人被殺，用威脅手段取得東北五條鐵路的建築權。民國四年元月，日本復乘歐戰方酣，列強無暇他顧的機會，向中國提出嚴酷達於極點的二十一條約，袁世凱在日本武力脅迫下，終於五月九日屈服。全國民衆對於喪權辱國條約的簽訂，莫不憤慨萬分，大家對亡國滅種的危機，都感到切膚之痛，若干青年學生，亦四出宣傳，一時同仇敵愾的空氣，彌漫全國。同時，國民亦因之認深國勢不振是招致外侮的主要原因，所以轉而對軍閥政客，表示棄絕。

二十一條約之後四年，又有「五四運動」發生。蓋於巴黎和會中國外交失敗，凡爾賽和約竟將德國在山東的權利轉讓與日本。中國出席和會代表致電北京政府，說明失敗之原因：一由於日本事先與英、法、意諸國訂有密約，一由於北京政府於「山東善後協定」時（民國七年九月），已將山東之德國權利讓於日本。國人聞訊，一致大憤，民國八年五月四日，北京中等以上學生數千人，在「外抗強權，內除國賊」的口號下，請願遊行，要求政府懲辦經手此次交涉的曹汝霖、章宗祥、陸宗輿等三人。全國各地學生，聞風響應，四出宣揚愛國精神，各地商人、工人受此刺激，亦相繼罷市罷工，以聲援學生。北京政府對純出愛國熱忱的青年學生，採取高壓政策，大量拘捕。時中山先生在上海，通電譴責北京政府，要求立卽釋放被捕學生，並嚴懲賣國賊。在全國怒吼之下，曹、章、陸被罷黜，「內除國賊」的目的總算達到一部份（因曹等三人之後臺乃段祺瑞）。

經過這一次轟轟烈烈的愛國運動，全國民衆的政治意識與愛國熱忱，普遍加深，自然有助於國民革命的宣傳。尤其重要者，在若干熱血沸騰的知識青年，見於舊軍閥的爭權奪利，決不能負起禦侮圖強的責任，而國勢危如壘卵，迫不及待，惟有直接獻身救國工作，始能挽救國家民族於覆亡之境。舉目一看，惟有中山先生所領導的國民革命運動，始終抱定一貫宗旨，不屈不撓，爲救國而奮鬪，數十年如一日。所以他們終於選擇了他們所應走的路，投奔到中山先生旗幟下，使國民革命運動增加了無數生力軍。試看民國十三年黃埔軍校投考學生之踴躍，便可想見當時愛國知識青年心中所嚮望的是什麼了。

五四運動所掀起的狂潮，不久便成過去，但有志救國之士，却仍然繼續探求中國自鴉片戰爭以來，何以歷次改革或革命都不能使國家由積弱而臻富强的原因。最後，他們得到結論，認定中國傳統文化是使中國達到富强之境的主要障碍，所以提出打倒中國傳統文化，接受西洋新文化纔能救國的論調。因之有「新文化運動」發生。

新文化運動的主要倡導人爲北京大學校長蔡元培與一部份教授及學生，如胡適、陳獨秀、傅斯年、羅家倫等人。他們對中國固有的倫理、思想、政治、文學等，都抱懷疑和批評的態度，反對歷史上一切權威與傳統敎條。他們主張對一切固有文化都得經各個人理智的思考，加以批判，然後再決定其是否今日尙有存在的價值；否則我國國民精神生活及物質生活均將永遠陷於愚蔽與貧困的深淵中，而不能自拔，國家民族前途也永無希望。新文化運動者所提出的新文化是科學與民主兩項，祇要中國能接受科學民主及二者所蘊涵的精神，中國便可立臻富强。他們復竭力提倡語體文運動，認爲中國國民愚昧的原因，與古文的艱澀難懂有極大關係。純就新文化運動倡導者的動機，及其提倡的理論而言，實未可厚非，其目的固在救國。惟一般國民，不一定都能瞭解這一番道理，竟以爲科學就祇是自然科學，民主就祇是代議政治；而不瞭解科學民主的涵義廣泛，同時亦指治事作人的方法與態度；也不瞭解科學與民主的本身卽是一種文化的本質，而非一種文化的現象；當然，更不明白所謂新文化者亦是因環境需要而對舊文化重新予以新意義，決非蔑棄所有傳統文化，或全盤接受某一種文化之謂。其實文化何來新舊，祇有在一定時空內的價值問題。

因此，新文化運動的影響，有好有壞。就其壞的方面言，它對中國傳統文化的破壞力過大，而復無具體建樹，使中國文化有靑黃不接之感。故無論在政治上、社會上、教育上、學術思想上，以及日常生活上，固有衡量一切是非黑白的準繩已被摧毀，而新標準又未能及時樹立，以致貽後日國家民族無窮之患，但亦非當時倡導新文化運動者始料所及。就其好的方面而言，因新文化運動而對舊文化檢討，得到若干極珍貴的結論。它又是中國新風氣的開創者，對中國社會的開通，敎育的普及等，都有貢獻。同時，它對國民革命運動的展開，也有幫助，所以中山先生說：「吾黨欲收革命之成功，必賴於思想之變化。兵法攻心，語曰革新，皆此之故。此種新文化運動，將爲最有價値之運動。」

第四節　帝國主義對革命運動之破壞

民國十三年改組後中國國民黨，正能順應這種全民自覺自救的需要，所以各種新生力量都齊聚在革命的旗幟下，滙成「怒潮澎湃」（黃埔校歌之首句），冲毀反革命勢力。

中國國民黨改組時有一重大決定，卽所謂「聯俄容共」政策。自民國六年俄共在德人暗中協助下攫得政權後，不爲世界各國所齒，其黨徒欲爭取中國承認，乃於民國八年七月，民國九年九月，民國十二年九月，三次發表宣言，願意取銷帝俄時期與中國所訂不平等條約；並願將中東鐵路及其他產業無條件交還中國。事實上，中國如不承認俄共政權，中俄之間一切條約自然無效；且俄共當時搖搖欲墜，其政權能否維持長久，亦屬疑問；故列寧等人樂得順水推舟作人情，以圖博得中國人的好感，爲今後侵略中國打下基礎。民國九年，俄共派優林（Yurin）到北京活動，其時中國正受列强壓迫，優林口如蜜糖，頗得北京一部份知識份子的好感，然外交活動，却無結果。次年（民國十年），再派「殖民地委員會」秘書馬林（Maring）到中國，指導組成中國共產黨，俄共所卵翼侵略中國的工具，正式出現（十年七月一日）。馬林隨後到廣西，「總理當時師次桂林，馬林去見他。總理當打電到廣州給廖仲愷，說他從前聽聞蘇俄實行共產，很是詫異，以爲俄國的經濟狀況，共產的條件，還未具備，從何實行？馬林來，才知道俄國之新經濟政策，實與他的實業計劃差不多一樣，所以非常高興」。中山先生瞭解俄國不是行共產主義後，遂有聯俄的意思，也即是聯絡與國的意思。蓋當時革命勢力，亟需各方援助，多一與國，對革命事業有利無弊。所以中山先生決定聯俄僅僅是一件單純獨立自主的外交行動。徐高阮先生在他「中山先生晚年的對俄觀點」一文中，有極透闢的說明：

中山先生晚年的聯俄政策本來沒有可以深加討論的地方，因爲一國的外交政策是隨情勢而變的。中山先生在第一次歐戰期間，曾深以俄國戰勝轉而進取中國爲慮，但在歐戰之後，俄國戰敗，加以革命，由一個向外擴張的國家，變爲艱難自守的國家，所以中山先生這時認爲俄國有可以爲友的條件。這就是中山先生轉變對俄政策所根據的基本情勢。如果中山先生及見蘇俄復變爲向外擴張的國，那麼中山先生亦必早能看破蘇俄東征的企圖，重加戒備，自無疑問。如果說中山先生當時既有聯俄政策，便暗示以後不論情勢如何，永遠保持聯俄政策，這眞是喪失獨立國家立場的言論，可謂不值一駁。

何況「中山先生有他獨具的眼光，却認爲俄雖不標榜民族主義，但他們在革命後能够抵抗列強的進攻，却完全是憑藉了民族主義的力量」。所以他的聯俄，就此點而言，也有他山之石可以攻錯之意。

民國十一年，俄共派越飛（Joffe）來華，與中山先生晤於上海，次年（十二年）元月二十六日，發表共同宣言聲明：「孫逸仙博士以爲共產組織，甚至蘇維埃制度，事實上均不能引用於中國，因中國並無使此項共產制度或蘇維埃制度可以成功之情況也。此項見解，越飛君完全同感。」這是一個基本觀念，中山先生既持共黨在中國不能存在的基本觀念，所以決定容許共產黨以個人資格加入中國國民黨，乃有三個用意：（一）增加國民革命陣營的聲勢。（二）瓦解共產黨的組織。（三）最後使共產黨在中國消滅於無形。所以中山先生的「容共」，主要是在當時情勢下的「滅共」政策。

俄共及其工具中共雖然包藏禍心，但在中山先生銳敏的察查與嚴密的戒備下，尙不敢有異動。不幸中國國民黨改組後一年餘，中山先生即逝世，革命勢力遽然失掉領導者，革命陣營自不免有紛亂的現象。於是俄共鮑羅廷（Borodin）遂大施其鬼域伎倆，中共自甘爲鷹犬，會同一部份認識不清的革命黨人，大肆活動：挑撥煽動中國人與列強之間的仇恨；破壞中國社會經濟，造成貧困與紛亂現象以利中共發展；暗中造謠中傷以分化國民革命勢力，然後由共黨竊據黨政軍津要；最後達到偷天換日的目的，將國民黨變成共產黨。

所幸俄國到底未得逐其陰謀。蓋中山先生逝世後不久，革命陣營中立即出了一位英明果毅的領袖，即是當時「中國國民黨陸軍軍官學校」（校址設黃埔，世稱黃埔軍校）校長蔣中正先生。蔣氏名中正，字介石，於遜清光緒十三年（一八八七）十月三十一日誕生於浙江奉化溪口鎮。年二十，入通國陸軍速成學校（保定軍官學校之前身），次年赴日本振武學校習陸軍，由陳其美介紹，加入同盟會（一九〇八）。武昌首義時，蔣氏已卒業於振武，入日本軍隊實習，聞辛亥革命軍興之訊，即不告假而歸國，參加光復杭州之役。自任先鋒，作書與母訣別，誓爲革命犧牲。杭州光復後赴滬助陳其美，練步兵一團，任團長。討袁之役，蔣氏在滬召集舊部得一營，以之進攻江南製造局，死傷枕藉，仍衝鋒不餒，相持至翌日，以彈罄而退。次年，中華革命黨成立，蔣氏即成爲黨之中堅，革命行動，無役不與。中山先生以蔣氏秉性忠貞，氣宇超凡，識見宏達，亦特別器重。民國七年三月中山先生任軍政府大元師時，以總司令部作戰科主任畀蔣氏，旋調第二支隊司令官。民國九年冬中山先生返粵，蔣氏隨即扈從左右，共籌大計。次年（十年）因母喪返浙，欲守制不出，然中山先生迭電敦促，始赴粵輔助中山先生北伐，任第二軍參謀長。建議先統一廣東，再圖北伐。計劃未實行，乃離粵。十一年六月陳炯明叛變，蔣氏聞訊急往廣州赴難，隨侍中山先生於永豐軍艦者歷四十五日。民國十二年春，中山先生再返粤，任蔣氏爲國民黨本部軍事委員會委員，大本營參謀長。是年八月奉派赴俄考察軍事，十二月返國，卽奉令籌組軍校。五月軍校開學，中山先生頒給訓詞（卽今日之國歌），對軍校前途，寄與無限之希望。

中山先生北上，蟠居粤東的陳烱明蠢蠢欲動。時軍校第一期學生已畢業，組成敎導兩團，連同第二、三期入伍生，總計僅有四千餘人。十四年二月在蔣氏指揮下，擊潰盤據東江之陳軍，是年六月再將廣州附近之滇桂軍消滅。七月一月國民政府成立，十二月再東征陳烱明，廣東始告統一。時俄共圖謀不軌之跡，已漸顯露。蔣氏早洞燭其奸，但以沈着勇毅之態度處之，而俄共亦以蔣氏爲眼中釘，必欲除之而後快。於是流言蜚語，挑撥離間，對蔣氏極盡中傷之能事。十五年三月，方革命軍籌劃北伐之時，俄共煽動中山艦叛變，欲加害蔣氏，幸逆謀發覺，蔣氏乃採取斷然措置，將俄共爪牙多人拘捕，並繳俄顧問衞隊武器。俄共陰謀第一步失敗。

民十五年六月五日，國民政府任蔣氏爲國民革命軍總司令，所部編爲八軍，由何應欽、譚延闓、朱培德等分任軍長。七月八日誓師北伐，十六年三月二十四日克復南京。爲期僅八個月，而雄踞兩湖之吳佩孚，盤據東南五省之孫傳芳，相繼兵敗北潰，足見革命軍士氣旺盛，指揮有方。而當時全國民衆對軍閥厭惡之深，與乎對革命軍歡迎之熱烈，亦是北伐成功迅速的主因。

十五年十月十日武漢克復，次年元旦國民政府遷武漢辦公。俄共則乘革命北伐時期，嗾使中共擴張勢力，凡革命軍攻克之地，共黨即勾結當地流痞無賴，組織「工會」、「農會」，挑撥所謂階級鬬爭，造成各種騷亂。武漢政府則由俄共鮑羅廷把持，違法召集三中全會（十六年三月），「推選」其鷹犬鄧演達、譚平山等人盤據黨政津要，並用各種詭計攻擊蔣總司令。中央黨部監察委員吳敬恆以俄共及其爪牙逆謀已露，不可再忍，於十六年四月一日將其「亡黨賣國之逆謀」提出，請求制裁。中央監察委員會通過吳氏之提案，決議採取非常緊急處置，防止各種破壞份子。四月十八日國民政府成立於南京，厲行清黨。凡滲透入國民黨之俄共鷹犬，一一清除，俄人被逐出境。

根據上述事實，民國十三年之聯俄容共，與民國十六年之清黨，目標實爲一個，僅因環境改變而有兩個不同的政策。其目標爲聯絡與國與消除共黨，民國十三年時俄人可有助國民革命，而共黨之狼子野心未露，故行聯俄共政策；民國十六俄國及共黨的猙獰面目畢現，故實行清共。其方法雖不同，而爲達到國民革命之目標則一也。

蔣總司令於清黨工作告一段落後，辭職下野，十六年八月，武漢國民政府明達之士亦於逐斥共黨後，與南京國民政府合併，再敦促蔣氏入京主持大計。次年（十七年）元月，蔣氏復職，再統兵北伐。同年六月，革命軍入北平，張作霖力不能敵，通電出關，日本以其不聽警告（日本希望奉軍繼續與革命軍爲敵，因不願見中國統一），於皇姑屯炸斃之。張學良繼父統治東北，是年十二月，張學良宣布服從中央，改懸青天白日旗，十餘年軍閥割據的局面至是結束。

國民革命軍以兩年的時間，完成統一，剷除軍閥的目的已經達成，然廢除不平等條約的工作，尙待努力。但列强不願見中國統一富强，他們不僅緊握已經獲得的權益不放棄，而且更加緊其對中國的侵略。蓋自國民政府成立後，中國已遭遇到白、黃、赤三種不同性質帝國主義的侵略，因爲帝國主義的性質不同，所以侵略的方式亦各異。

第一是「白色帝國主義」的侵略。白色帝國主義者重視經濟的榨取，用緩慢吮吸剝削的方法，達到侵略的目的。中山先生在民族主義中曾說過：

經濟壓迫眞是利害得很，統共算起來：算其一洋貨入侵，每年剝奪我權利者五萬萬元。其二，銀行紙幣侵入我市場，滙兌之折扣，存欵之轉借等事，奪我權利者，或至一萬萬元。其三，出入口貨物運費之增加，奪我權利者約數千萬至一萬萬元。其四，租界與割地之賦稅地租地價三項，奪我權利者總在四五萬萬元。其五，特權營業一萬萬元。其六，投機事業及他種種之剝奪者當在數千萬元。這六項經濟壓迫，令我們所受的損失，總共不下十二萬萬元，此每年十二萬萬元之損失，如果無法挽救，以後祇有年年加多，斷沒有自然減少之理。

在如斯嚴重的經濟榨取之下，所以中國農村破產，社會貧困，工商不振，財政枯竭，使整個國家虛弱不堪，難得翻身。白色帝國主義者以西方各國爲主，向中國取去的銀子是白的，實行者的面孔是白的，故名。惟白色帝國主義者，希望中國統一和平，以便作生意，所以每當中國有遭致瓜分之禍的時候，他們爲了本身利害，都表反對，也幸賴這種維持，使中國尙保存一線生機，以便發奮圖強。國民政府成立後，曾用和平交涉的手段，收回一些租借地與租界，同時談判廢除協定關稅，亦收到成效。民國十九年，各國與中國均依平等互惠條件，訂立關稅協訂條約。然其他不平等條約的談判，仍無結果。但祗要我們全民族能自覺，有良好的政府領導，白色帝國主義者的經濟侵略，是可以慢慢減輕的。

第二是黃色帝國主義者的侵略。黃色帝國主義者除掉向中國肆行經濟侵略外最重視中國的領土，他們所用的方法多是武力恫嚇，或者乾脆武力强佔。在俄共沒有攫得政權以前，日本與俄國是屬於這一類。俄共專制俄國後，剩下的便是日本。革命軍北伐至山東濟南時（十七年五月），日本力圖阻撓，一面出兵佔領濟南，一面嚴重警告張作霖必作困獸之鬪。五月三日，日軍竟無故開槍屠殺平民，並將革命軍之戰地交涉員蔡公時慘殺。革命軍知日本有意挑釁，爲顧全大局，繞道北上。日本尋衅不成，乃炸死張作霖，欲在東北造成混亂。幸張學良力能統率部衆，復深明大義，擁護統一，日本奸計不售，遂另在東北尋釁。民國二十年，「九一八事變」發生，次年（二十一年）復有上海「一二八」之役。日軍復攻陷長城各口，進據熱河，（以上均民國二十二年事）。二十四年扶植僞「冀東政府」，二十五年以僞蒙軍攻綏遠。終於演成「七七事變」，引起中國全面抗戰。（第二次中日戰爭，應自民國二十年九一八開始，蓋從此戰事連續不斷，至民國二十六年七月七日，戰爭始形「擴大」而已）民國三十四年八月十四日，日本投降，黃色帝國主義的威脅袪除。

第二次中日戰爭期中，民國三十一年（一九四二）國慶日，美英同時通知中國，自動放棄一切不平等條約的特權，另訂平等互惠的新約，時距南京條約正好整一百年。從此一百年來，我國所受枷鎖，全部解除，一百年來中國仁人志士所努力追求的救國目標，終在國民政府主席蔣中正先生領導下完成。

第三是赤色帝國主義的侵略。赤色帝國主義者的目標是鯨吞全部中國，決不以攫取某一項利益或强佔某一部份土地爲滿足。它侵略的方法機巧剡毒，盡量避免正面出頭，却在中國扶植一羣天良喪盡之徒，爲其作侵略中國的工具。民國十六年，俄共的毒計爲蔣總司令所摧毀，其少數殘餘，潛入地下活動，糾合流氓地痞，以及品德卑汚爲社會所不容的份子，發動暴亂，到處燒殺淫掠。卽以民國十六年中共在廣東海豐、陸豐兩地的暴亂而言，良善平民被屠殺者便近萬人。同時莫斯科訓練此類漢奸，數達一萬人，分批遣派到華，作爲其侵略的急先鋒。在湖南暴動失敗的俄共鷹犬毛澤東，因不齒於國人，乃率領殘部，竄至江西井崗山，落草爲寇，吸收各地無賴之徒，大作其打家刼舍，殺人越貨的勾當。所到之處，廬舍爲墟，雞犬不留，受禍最慘烈者爲贛西南，閩西，粵北，湘東，鄂東南，蜀西北等地。民國十九年，政府始大事淸剿，適九一八事變，一二八事變接踵而至，政府兵力分散，未見大效。至民國二十三年，始將其主力擊潰。朱毛等率餘衆向西北逃竄，欲接近邊疆，向其主子求救。旋抵陝北，蜷居延安山洞中，苟延殘喘。此時俄共最懼日德兩國，乃命令朱毛佯倡抗日，全力設法挑起中日戰爭，使日本侵略之箭頭，轉向中國。朱毛為效忠主人，始於民國二十四年提出抗日口號。民國二十六年，全面抗戰爆發，俄共之預定計劃成功，朱毛亦決定以「七分發展自己，二分對付國民黨，一分抗戰」的政策，實行對日軍游而不擊，專擊國軍的戰略。並藉抗日之名，乘機在各地發展組織，吸收羣衆，加强宣傳。而政府以大敵當前，無暇兼顧，於是朱毛遂得由垂死之境一變而聲勢强大。

迨戰爭結束，俄共在西方之敵人已袪，乃嗾使朱毛，擴大變亂。此時中國經過長期戰爭，滿目瘡痍，百廢待舉。而朱毛則到處破壞，益使民生凋敝，經濟枯竭，社會混亂。政府於三十七年實施憲政，推蔣中正為中華民國政府總統以謀和平建國，故隱忍遷就，總望朱毛幡然改圖，天良發現，放棄其為異族作鷹犬的企圖。無如俄人處心積慮欲亡中國，已積兩百餘年之久，決不輕易放過此千載一時的機會。中國在八年苦戰之後，自不能獨力抗禦俄共支持下的武裝進攻。

民三十八年十二月，中華民國政府遷臺灣省省會臺北辦公，大好河山，暫告淪陷，數億國民，遂成為史太林俎上肉，任其蹂躪屠殺。中國在白色帝國主義者與黃色帝國主義者的侵略都相繼消除後，復遭赤色帝國主義的侵略，國運不昌，一至於此。然三十九年三月一日，曾經使中國走向統一，抗日勝利，廢除不平等條約的蔣總統，復行視事（蔣氏於三十八年元月為求和平而引退）。勵精圖治，上下一新，積極準備反攻，而國際形勢亦日轉好。光復大陸，重振河山，消滅赤色帝國，盡殲朱毛醜類之期當已不遠，近百年來中國仁人志士所追求不懈的救國工作，終必達成。

本章主要參考書

民國歷史因史料尚無有系統之整理，撰述非易事。本章僅及大勢，此後當在材料容許範圍下，隨時增補，希讀者諒之。

中山先生全集

鄒魯：中國國民黨史稿。

鄧澤如：中國國民黨二十年史蹟。

清黨叢書。

中華民國年鑑（民國四十年）。

李劍農：最近三十年中國政治史。　對民國初年政治變遷情形之敘述頗詳。

董顯光：蔣總統傳。

中華史地叢書

中國近代史

作　　者／李定一　著
主　　編／劉郁君
美術編輯／中華書局編輯部

出 版 者／中華書局
發 行 人／張敏君
行銷經理／王新君
地　　址／11494 臺北市內湖區舊宗路二段181巷8號5樓
客服專線／02-8797-8396　　傳　　真／02-8797-8909
網　　址／www.chunghwabook.com.tw
匯款帳號／兆豐國際商業銀行　東內湖分行
067-09-036932　中華書局股份有限公司

法律顧問／安侯法律事務所
印刷公司／維中科技有限公司　海瑞印刷品有限公司
出版日期／2015年3月臺二十九版
版本備註／據1987年12月臺二十八版復刻重製
定　　價／NTD 412

國家圖書館出版品預行編目（CIP）資料

中國近代史 / 李定一著. — 臺二十九版. —
臺北市 : 中華書局, 2015.03
面 ; 公分. — (中華史地叢書)
ISBN 978-957-43-2432-3(平裝)

1.近代史 2.清史 3.中華民國史

627.6　　104006832

NO.G0033
ISBN 978-957-43-2432-3（平裝）